连老师的写作课

用第二支笔写作

连中国　著

中国人民大学出版社
·北京·

目 录

用一支笔撑住自己和世界

引　子

　　教育之现实既奢华又纷乱。不仅如此，现实还具有强大的裹挟能量与向心力，从不停歇，无休无止……还是东坡的反思深刻："何时忘却营营?""营营"反映了一种"一心向外"的生存状态，一种惶恐焦虑的生命的处境。在这样一种"滚筒式"教育的转动过程中，我们常常处于"外在"的"碾压"之下，似乎我们自己内心的营建与珍视，都是虚无缥缈与不切实际的事情。学校、家庭"一心向外"编织出了无尽焦灼与多少茫然失措。我们常常关注"状元"，但"状元"之外，对为数不算少的惊慌失措与彷徨无奈，似乎就少有体察了（其实，"状元"也有惊慌失措与彷徨无奈，但我们更愿意关注他们的分数与录取学校）。教育在现实这架铁锅上嗞嗞作响。不少事情如是，高考作文似乎亦如是。已经有"明达"之士撰文告诉家长，如何从小学阶段就开始准备高考作文。人，内在的宽广而丰富的成长越来越少，似乎一出生就被绑在了"考试"这辆战车之上，一心向"分"了。分数与目标牵动人心，高考作文备考越来越浅表化了。

有人可能会问，那你有什么办法？我其实也没有什么好办法，我这么多年里觉得实用的一个办法是——用一支笔撑住自己和世界。我想，撑住了自己，世界也就撑住了。

一、我们的笔是指向外，还是指向内？

在学生从小学到高中十二年的作文学习之路上，长时间陷在两大窠臼里：一曰写作技巧，二曰照应时事。换言之，真实的写作教学及写作指导，基本上就集中在这两方面。

先说写作技巧。我们陷落在写作技巧的封堵之中，可谓久矣。这主要体现在两方面。

第一方面，我们所理解的学写作和学骑自行车、学游泳没有什么本质区别，似乎通过写作方法的传授，学生的写作能力就会随着年级的增长而提升。这涉及三个问题。其一，从小学到高中，写作方法的逻辑层次如何有效划分，小学三年级时老师传授的方法会不会和高三传授的方法并无本质性区别。其二，如若不是勤于笔耕、深入反思、努力眺望人生，我们真的知道那么多行之有效的写作方法吗？其三，一个个写作方法加起来，其和就是优质的写作状态与结果吗？更直白地说，就是高考作文的高分吗？格非先生说："你的感悟、你的洞见，你对世界有没有看法，是非常重要的。一个对世界没有看法的作家，怎么训练也没有用。"（《一个作家写作，像在黑暗中寻找道路》）有人或许会说，格非说的是作家，我们要的是中高考高分，不一样的。但就核心的写作规律而言，这二者真的风马牛不相及吗？

第二方面，教师会不自觉地将某一种写作技巧奉为圭臬，并以此来衡量学生的写作。举一例，权作说明。朱自清先生的名篇《背影》中有个经典细节——父亲买橘子："他用两手攀着上面，两脚再向上缩；他肥胖的身子向左微倾，显出努力的样子……"讲《背影》，大约没有不分析这几个动词的：攀、缩、倾。这一细节描写，遂成写作经典，写爸爸需要，写妈妈亦需要……写人状物，都要求学生有"买橘子"式的细节描写。有时，有无"买橘子"式的细节描写甚至成了初中阶段评价学生一篇作文好坏的主要标尺。一旦落入为细节而细节的窠曰，学生自由创作的意志就会受到约束，甚至打压。细节描写固然重要，但大笔勾勒就不重要吗？工笔还是写意，全由写作的具体情况来定，岂可人为规定或有明显的选择倾向？

再说照应时事。时至今日，依然有不少老师将文章结尾有一个扣住时下热点的明亮的口号式的大尾巴，当作好文章的必要条件。中学阶段作文教学，还流行什么热，就要学生写什么。如若学生的文章不能与时下热点呼应，就会有与高分失之交臂的危险。"流浪地球"热，学生的作文就得让地球去流浪；"战狼"热，学生的作文就得随即跟上；"哪吒"热，学生的作文里就得有"我命由我不由天"；"八佰"热，学生的作文就得有"八佰"……情况大抵如是。

无论是谈写作技巧，还是讲照应时事，我们其实都是一心向外的，张着耳朵，伺机而动。加之，我们特别喜欢打探高考内部消息，这一切综合起来，使我们很少去体察与关注自己的内心世界的真实建构，很少去感受自己的内心生活。我们无暇停歇，更不能彷徨，总是步履匆匆，咬紧牙关，像一列高铁，一出站，就向着渴求的高分与未来幸福的生活，疾驰而去。

以上这些，应该是中高考作文备考的一些基本状况。我们再来看看2020年高考全国Ⅲ卷的作文命题。

人们用眼睛看他人、看世界，却无法直接看到完整的自己。所以，在人生的旅程中，我们需要寻找各种"镜子"、不断绘制"自画像"来审视自我，尝试回答"我是怎样的人""我想过怎样的生活""我能做些什么""如何生活得更有意义"等重要的问题。

毕业前，学校请你给即将入学的高一新生写一封信，主题是"如何为自己画好像"，与他们分享自己的感悟与思考。

要求：结合材料，选好角度，确定立意，自拟标题；不要套作，不得抄袭；不得泄露个人信息；不少于800字。

"人们用眼睛看他人、看世界，却无法直接看到完整的自己"，这里的"看"，其实是一种审视，"完整的自己"更强调内在的、自我意识和自我精神不断成长的自己。"所以，在人生的旅程中，我们需要寻找各种'镜子'、不断绘制'自画像'来审视自我"，"镜子"是参照，当我们的笔指向自我的内部世界的时候，写作本身就变成了一面非常好的镜子，这也是写作的核心价值之一。绘制"自画像"是内省，是向内的自我回顾与审视，所以后文有"审视自我"的字样。"尝试回答"，"尝试"用得非常准确，反映了人是在人生求索的过程中，一次次努力给出这些问题的答案的，因为人生是一个探索的过程，所以我们需要不断回答这些问题并不断校正答案。"'我是怎样的人''我想过怎样的生活''我能做些什么''如何生活得更有意义'等重要的问题",既是教育的核心问题,也是"人"的核心问题。回答这些问题,对"人"的内在提出了更自觉、更深刻的要求。这些自然也是语文课要回答的核心问题,因此拙著《语文课》① 第一章的标题就是"生命·成熟——内部世界的不断觉熟,是成就一切的基础"。该书有许多篇章探讨这个问题。《语文课》中这些内容与全国Ⅲ卷的此种相遇,不是偶然的,从某种意义上说是"相见恨晚"。我一直特别看重学生内在的成长。这是我跟学生相处的过程当中,发现优秀学生必须要经历的一个过程。这也是语文作为一门学科,最核心的价值和永恒的骄傲。因此,这也是我的语文课的根本立足点之一。毕业前"为自己画好像",就是对自我内部世界的确认与校正。这道作文题,旨在回顾过往,面向未来,通过对高中生活更自觉、更内在的自省、自建、自悟,来彰显我们的见识与胸襟。同时,也显示了我们的语文课的真实处境。

"我是怎样的人""我想过怎样的生活""我能做些什么""如何生活得更有意义"等重要的问题,在扎实的语文课堂,

---

① 连中国. 语文课. 北京:中国人民大学出版社,2015.

学生几乎每天都在回答。例如课本中的《诗经·蒹葭》，苏轼的《赤壁赋》，蒲松龄的《聂小倩》，鲁迅的《祝福》，"整本书阅读"中路遥的《平凡的世界》……学生深入地阅读这些佳作，其实就是在探索并尝试回答上述重要的问题。教师借助知识，帮助学生不断进入"人"丰富而内在的领域，去触及，去感受，去思考，去领悟，去理解，去辉映，去召唤……这是语文课重要而内在的使命。"人"不能充分地成长，写作的源头便会枯竭。写作就是一场应对。写作对于"人"丰富的促进与改变意义，学生不容易感受到！

当一个人，在自我不断丰富的成长过程中，一次次将笔指向自己的内心，认识并检省自己，写作才与他产生了内在而紧密的关联。对他而言，写作才真实具有了意义与价值。写作，对于一个人内在灵魂的探索与生命的确认，意义重大。真实而指向内心的写作，学生一旦进入并且理解，优质的教育就在他的身上迈出了关键的一大步。

二、是被要求地应对，还是被内在地唤醒？

一位学生在写作中与一个优质命题的相遇，恰如一个人与一本好书的相遇。在特定的时空中，一缕华光从天而降，冲破人的渺小、偏狭、执拗、荒唐……直抵人的内心深处，与人心中的涓涓细流融为一体，化为缕缕清辉，自此耀映人生。"人"在不知不觉中，修正自己，补充自己，发现自己，完善自己……人，从局限中走了出来，步入一个更为明澈阔大的世界，变得更从容也更优雅，更自由也更广阔。所以，一个优质的命题，不仅是一次检测，不仅是一个分数，不仅是一次排名，更是一场洗刷、一种调整、一道投射、一次改善。一个优质的命题，对一个眼眸明亮纯净、对未知世界充满好奇、渴望有所发现的学生而言，是一次启动与唤醒。从教育更深层的意义上讲，一个个作文命题在深刻地影响甚至塑造着学生。作文命题可能给他们高天浩宇，也可能给他们一个个武大郎的屋顶；可能给他们信心与助力，也可能不断瓦解他们的内心。法国诗人阿波利奈尔说："在宇宙洪荒之中，那个地球慢慢地开始转动了起来……"开始转动是重要的。一次写作带给人的内心经历，有时比一场"锻炼"还来得深刻。一笔笔下去，犹如斧凿一般，它有可能只是一场完成，有可能是一场满地碎石的破损，但亦有可能是一次美好的唤醒。像一个伟大的雕塑家之于石头一般，一个"人"从石头里"长"了出来。

　　世上最简短的精读，可能是阅读一道作文题。但此种最简短的精读，因为有后续的写作与之相伴，所以亦有可能胜过阅读一篇乃至一部作品的意义。

我们先看2020年高考全国Ⅱ卷的作文命题。

> 墨子说:"视人之国,若视其国;视人之家,若视其
> 家;视人之身,若视其身。"英国诗人约翰·多恩说:"没
> 有人是自成一体、与世隔绝的孤岛,每一个人都是广袤大
> 陆的一部分。"

这是命题的第一段,列举墨子与约翰·多恩的言论,表明
在对待自己与对待别人、别国的认识上,中西理念高度契合。
中西方的两位大师所表现出的大气、光明以及远见卓识令人叹
服。两位先哲的话说明人类确实是命运共同体,在人类的某些
最核心命题上,中西方的认识是高度相似的。

> "青山一道同云雨,明月何曾是两乡。""同气连枝,
> 共盼春来。"……2020年的春天,这些寄言印在国际社会
> 援助中国的物资上,表达了世界人民对中国的支持。

> "山和山不相遇,人和人要相逢。""消失吧,黑夜!
> 黎明时我们将获胜!"……这些话语印在中国援助其他国
> 家的物资上,寄托着中国人民对世界的祝福。

这是命题的二、三两段。第二段讲的是别国待我国的态
度,第三段讲的是我国待别国的态度。整个人类社会,需要的

是相互援助，相互扶持。命题语言简短，但情味深长，见识不凡。

命题最后设置情境：考生在"世界青年与社会发展论坛"上，作为中国青年代表，发表以"携手同一世界，青年共创未来"为主题的中文演讲。请考生完成一篇演讲稿。

面对世界，围绕全球发展，一个中国学生如何发出自己的声音？是将这一时刻当作"怒怼"的时机，还是倡导人类摒弃私心、嫌隙、偏见、隔膜，全世界携手共进，共克时艰，共创人类美好的未来，号召各国青年共同面对挑战，为人类的未来努力尽到这一代人的职责与使命？2020年高考全国Ⅰ卷作文的核心人物是齐桓公，齐桓公尊王攘夷，九合诸侯，一匡天下，在当时的国际舞台上，起到了举足轻重的作用。在中华民族实现伟大复兴的过程中，我们该有怎样的大国气度？将两个命题联系起来，我们会生出很多感喟与思考。

在国际舞台上发表演讲，演讲词应该是境界恢宏、大气磅礴的。我们的学生十八岁，正是挥斥方遒、激扬文字的时候。我们应该提倡学生写有感情、有温度、有判断、有见识的议论文。命题不但对学生的综合素养提出了更高的要求，而且非常符合青年人表达与成长的状态。什么是世界影响力？有先进价值观才能具有真实内在的影响力。落后的人文理念，只能捆住自己的头脑与手脚，捆住民族发展的头脑与手脚。人一狭隘，文必空洞；文一空洞，虚浮文采与时髦名词必盛。

全国Ⅱ卷的命题，彰显了中华民族尤其中国青年在面对世界的时候应有的见识与胸襟。为此，我敬佩命题者的格局与用心。题目一出来，就有老师说自己猜中了题目。其实他是猜中了抗疫这一核心事件，但恐怕猜不中命题者的眼光与格局。因为，眼光与格局，不是猜中的，而是在自我的精神世界里长出来的。

我们再来看看2020年高考北京卷的其中一个作文命题。

2020年6月23日，北斗三号的最后一颗卫星成功发射，标志着我国自主建设、独立运行的北斗卫星导航系统完成全球组网部署。整个系统由55颗卫星构成，每一颗都有自己的功用，它们共同织成一张"天网"，可服务全球。

材料中"每一颗都有自己的功用"，引发了你怎样的联想和思考？请联系现实生活，自选角度，自拟题目，写一篇议论文。

北京卷的命题，非常显著的特点是三个"不囿于"。其一是不囿于新闻的一般性价值，开创了独立的命题点。这个独立的命题点，跟"天网"有关，但是不囿于"天网"本身，而是有新的开掘，新的着眼点。其二是不囿于本我之利。"北斗三号的最后一颗卫星成功发射，标志着我国自主建设、独立运行的北斗卫星导航系统完成全球组网部署"，55 颗卫星，共同织成一张"天网"，这张由中国人自主建设、独立运行的北斗卫星导航的"天网"，却"可服务全球"。本国自主建设，但服务全球，这彰显了大国风度、全球视野，展现了北京卷的命题追求。其三是不囿于集体价值。55 颗卫星，共同织成一张"天网"，这样的材料，很容易单纯地归结为对整体价值的肯定。北京卷的命题亮点在于：①在整体价值里强调、突出了个体价值；②个体价值又是在整体价值里得以体现的；③个体价值与整体价值交相辉映。

三、是默默踏步，还是昂首出发？

作文题应该是一架凌空而立的跳板，而不应是一面单调封闭的围墙。

一道优质的作文题目，可以将一位学生多年的人文积累、富有价值的人文思考激发出来。这样的题目，让学生的青春思考腾空而起，跃入高空，能开启心智，开阔胸怀，在一定的广度与深度上，展现学生的个性价值与思维探触。青年的想法与判断，不一定处处严谨周全，不一定处处妥帖顺从，往往带着新一代人的憧憬与锋芒，挑战与改变。教师应引导学生将写作变为自我生命的一部分。我常常要求学生：每一文出，必求有过人之处。学生自然可以在多方面展示自己的过人之处，而人文思考的深度与广度，无疑是诸多"过人之处"中非常重要的一方面。与"跳板"式的题目不断相遇，学生的成长才是真实可见的。学生在完成这样的题目的过程中，会不断拓展并深化自己的既有认知，扩充自己的视野，在一次次昂首"出发"中，昂然的写作与澎湃的生命得以相融相生。在这样的过程中，一个"人"才能渐渐发现自己，逐步理解思考的价值与快乐，这为其形成独立而丰满的个性，积累扎实且多元的学识，培育不依附、不屈就的人格与敢为天下先的胆识，打下坚实基础。青春的头脑，原本就应该早日与世界最深刻最开阔的东西相遇。培育卓越见识是人文教育非常重要的事情。

我们来看 2020 年高考上海卷的作文命题：

世上许多重要的转折是在意想不到时发生的，这是否意味着人对事物发展进程无能为力？

请写一篇文章，谈谈你对这个问题的认识和思考。

"世上许多重要的转折是在意想不到时发生的"，这句话基于新冠疫情这一时事，但又不囿于疫情本身，是以时事为基础，概括出一个有普遍意义的人类命题。这样的命题，简洁明了，提出人类面临的一个基本问题。题目将大问题推到学生面前，没有所谓的标准答案，希望学生在回答中，展现必要的思考，这对学生的认知、积累都提出了一定的挑战。题目希望学生探讨人类意想不到的转折与默默贡献、积极付出有无内在关联。如若学生平时在课堂思考充分，视野开阔，这样的探讨是不难展开的。比如，蒲松龄一生仕进无门，以当时的社会评价标准判断，他是个典型的失败者。但他谈狐说鬼、聊以自慰的《聊斋志异》，却使他成为中国文言短篇小说巨匠，与曹雪芹双星并耀。他的意想不到的"转折"是努力为之的结果，还是命运使然？表面上，这个例子对学生来说并不陌生，但其是否在学生进入考场之前，已然像一架直升机一般停驻在学生思想的绿地之中了？

我们不应该小觑写作，写作的坍塌，有可能是整个"人"的坍塌。面对纷繁芜杂的外部世界以及无限广阔的民族未来，作为一个老师，我始终相信来自两方面的力量：一个是课堂深处的力量，一个是一支笔的力量。故而不揣浅陋，野人献曝。

辽阔成就辽阔

——探索写出高分作文的切实途径

一、我们的现实

毋庸讳言，在真实的中小学教育中，简单应试的气味还十分浓郁。这里说"简单应试"，是因为在这场得分的"战役"里，学生与教师都表现出"乏力感"。教育相对落后的地区自不待言，即便是一些教育发达地区的所谓名校，应试教育也"简单"到了残酷的程度：各年级不断考试，然后依据考分频繁给学生分层（基本上一两次考试之后就要分一次）。这是学校非常重要的得分策略，以此警示并推动学生努力学习。这样做表面上是学生的升学利益使然，实际也是学校自身的利益驱动。各方的得分的愿望似乎都非常强烈，但追求高分常常表现为一种力不从心式的简单化操作。大量练习、考试排名、加班补课，是许多师生心中获取分数最重要的三个手段。推动学生分数提升的核心策略有二：一曰逼，二曰吓。

微信朋友圈曾热转一篇文章《开学了，眼前不能仅有分数，更要有世界》，文章的提法很不错。几个相互熟识的老师心情复杂地就此聊了起来。一个说，使用"不能仅有……更要有"这样的句式，就说明"不能仅有……"是现实，"更要有"目前还只是美好的愿景，这充分说明我们现在仅有分数，基本没有"世界"。一个说，目前，分数，可能就是我们的世界。

一次，王开岭老师就写作发表看法："你知道直白吗？没有直白，修辞无意义。"而我们的课堂，修辞不着边际，直白基本缺席。这里所谓直白，就是师生真正的成长，就是师生人文认知的深度与广度都获得了发展，就是学生理解问题、认识问题的水准获得了真实而内在的提升。直白，就是我们对事物最朴素、最本质、努力排除趋炎附势与讨好逢迎后的理解与看法。就写作而言，没有直白，修辞无意义。

二、命题者的期待

我们今天着重从一道作文题谈起。这是 2019 年高考全国

I 卷作文题：

　　"民生在勤，勤则不匮"，劳动是财富的源泉，也是幸福的源泉。"夙兴夜寐，洒扫庭内"，热爱劳动是中华民族的优秀传统，绵延至今。可是现实生活中，也有一些同学不理解劳动，不愿意劳动。有的说："我们学习这么忙，劳动太占时间了！"有的说："科技进步这么快，劳动的事，以后可以交给人工智能啊！"也有的说："劳动这么苦，这么累，干吗非得自己干？花点钱让别人去做好了！"此外，我们身边也还有着一些不尊重劳动的现象。

　　这引起了人们的深思。

　　请结合材料内容，面向本校（统称"复兴中学"）同学写一篇演讲稿，倡议大家"热爱劳动，从我做起"，体现你的认识与思考，并提出希望与建议。要求：自拟标题，自选角度，确定立意；不要套作，不得抄袭；不得泄露个人信息；不少于800字。

题干中说"劳动是财富的源泉，也是幸福的源泉……热爱劳动是中华民族的优秀传统，绵延至今"，正面肯定了劳动的意义和价值。不仅如此，命题者更希望考生能够从"热爱劳动是中华民族的优秀传统，绵延至今"这个角度论说下去。接下来以"可是"为转折："可是现实生活中，也有一些同学不理解劳动，不愿意劳动。有的说……此外，我们身边也还有着一些不尊重劳动的现象。"以上陈述的是人们对劳动的偏见。两相对比，命题者另起一段强调说："这引起了人们的深思。"综上可知，命题人希望从"热爱劳动是中华民族的优秀传统"的角度，校正现在的一些错误想法，树立现代人的"劳动观"；引导考生从中华民族优秀传统的维度，来认识劳动的意义与价值，实现中华民族的伟大复兴。

这个题目期待考生对民族精神进行深度认识与评价（因此题干中有"复兴中学"之谓也），而劳动是构建此种认识的重要角度。写作中值得关注的人文问题是：如若从立"人"的角度去思考，"劳动"究竟有哪些意义及价值，劳动对民族性格、民族文化的形成有哪些积极的价值与意义？题干强调"绵延至今"，时过境迁，传统农耕已渐渐退出历史舞台，而且现代社会已经有很多人不再从事与农业相关的工作，那么这种在传统社会曾占最重要地位的生产方式、生存方式对现代社会还会有重大影响吗？具体而言有哪些影响？这是命题者期待我们面对并回答的人文问题。

三、劳动与二十四节气

面对问题、思考问题是解决问题最重要的方法。这个思考，必须先由教师完成。

首先，中华民族的农耕劳动，深化了人与自然的关系。勤耕劳作的千年历史，帮助中华民族与大自然保持密切的内在联系。农耕劳动，必须与大自然内在的节奏与规律相一致、相配合。长期以来这样的一种方式，帮助中华民族与大自然建立起亲厚的关系。人要按照大自然的内在节奏安排生产活动，不违农时，是农耕时代最重要的原则。因此，一年之中指导农业生产的二十四节气便应运而生，二十四节气是大自然的节奏，也是农业生产的节奏。依据二十四节气，人类的生产劳动与大自然内在的节律就紧密地对应与配合起来了。许多农谚就是二者对应的结果："晚稻不吃寒露水，小麦不听交夏雷"（交夏即立夏），"立秋种，处暑栽，立冬前后收白菜"……

其次，农耕时代已过，人类现在已不必靠"天"吃饭，农业在现代产业中所占比重越来越小。二十四节气是否已经过时？其对现代人生存与发展是否已不再重要？沿着这些问题探寻，就会发现：无论现代产业如何多样化，无论人类对自然如何不再那么依赖（人类现在甚至可以制造封闭的生态系统了），人类都无法脱离自然，甚至可以说随着现代科技的不断发展，人类与自然的关系更加内在而紧密了。现代科技的一个重大意义与价值，就是帮助人类重返自然。人永远是自然之子。人类的生产生活甚至心理与文化，都与自然内在的节奏发生着越来越紧密的关联。人只有与自然处在相同的节奏中，才能与自然和谐共处。与自然息息相通的"人"才能产生一种宽广踏实的快乐。这一点，我们可以关注一下苇岸先生的作品，从中不难理解。我们一起看看苇岸先生是如何理解惊蛰的：

> "惊蛰"，两个汉字并列一起，即神奇地构成了生动的画面和无穷的故事。你可以遐想：在远方一声初始的雷鸣中，万千沉睡的幽暗生灵被唤醒了，它们睁开惺忪的双眼，不约而同，向圣贤一样的太阳敞开了各自的门户。这是一个带有"推进"和"改革"色彩的节气，它反映了对象的被动、消极和等待状态，显现出一丝善意的冒犯和介入，就像一个乡村客店老板凌晨轻摇他的诸事在身的客人："客官，醒醒，天亮了，该上路了。"

诚如苇岸所言，惊蛰是一个"唤醒"的节气，"带有'推进’和‘改革’色彩”，“显现出一丝善意的冒犯和介入”。包括惊蛰在内的二十四节气，源自农耕文明。随着社会的快速发展，农耕时代已飘然远去，人类不再靠天吃饭，农业在现代产业中的占比越来越小，这意味着自然节令离人类社会将越来越远吗？事实恰恰相反，二十四节气这样的文化遗产对现代社会的呵护作用，反而凸显了。人类远离自然，躲在自我设置的封闭性空间中越久，人类对自然内在的向往就越强，人类便愈是渴望与自然的内在节奏紧密相连。在现代社会中，时值惊蛰，相当多的人不必再有任何“土地行为”，但谁没有自己职业上、生命中的“土地”呢，人总是要做事的。惊蛰，对于人生命意义上的那种唤醒、推进的价值，恰恰越来越重要了。无论我们的职业是什么，距离“土地”有多远，我们都需要不断“改革”，都需要外界的一种力量对我们“显现出一丝善意的冒犯和介入”——“客官，醒醒，天亮了，该上路了”。这是每一个健康的现代人生命里不能失去的声音。劳动，极其自然也极其重要地向我们传达着至关重要的生命内容。

四、《诗经》、王维、范成大

劳动是质朴而艰苦的，汗水是苦涩而幸福的。在与土地、自然长期的密切接触中，劳动者经历着种种艰险，也体验着淳厚的快乐，生成深刻的人生哲学。

较早展现劳动场景且学生较为熟悉的作品是《诗经》中的《芣苢》。这首诗不仅有劳动者的欢歌笑语，也有满山满谷细腻丰富、幽微美好的内心活动。劳动带给人的收获的愉悦与内心价值，在这首诗中有充分体现。

唐代的王维是一位对田园生活及农耕劳作有着精细观察与理解的诗人，他在《新晴野望》说："新晴原野旷，极目无氛垢。郭门临渡头，村树连溪口。白水明田外，碧峰出山后。农月无闲人，倾家事南亩。"诗歌写出了雨后乡野的明透与清新，同时写出了繁忙的劳动在太平时代带给人内心的充实与平和，乡野的清丽与人心深处的踏实融为一体。

宋代诗人范成大在《四时田园杂兴》中描述过劳动者的艰辛与苦难，但也一次次谱写了劳动带给人的宽广自由的快乐。"新筑场泥镜面平，家家打稻趁霜晴。笑歌声里轻雷动，一夜连枷响到明。"新筑的场泥如镜面一样开阔平整，干净得仿佛可以映出人的倒影来。如若你是一位农人，特别是一位孩子，见到这样的场景，你会不由得快乐。觉得什么都可以做，什么都可以做得好！打谷场、打稻场起到了令家人、乡邻聚集、交往的重要作用。大家一起劳作，相互协作，友善交往，孩子们在打稻场里快乐地跑来跑去。家家户户趁着好天气，将新收的稻子打出来，如若不赶快将稻子打出来收入仓中，稻子泡了雨，一年的收成就会大打折扣。在大家的欢笑歌声中，似乎夹杂着轻雷声，那其实是打稻的连枷声，从夜晚响到天明。劳动自然是辛苦的，但诗人在辛苦的劳作中，体验到了劳动带给人的快乐与踏实，那种简单中的丰富，那种忙碌中的充实，那种相互鼓励相互协作中人与人交往的美好。此种在忙碌的劳动中建构的美好与淳厚，范成大在诗中多有描绘："昼出耘田夜绩麻，村庄儿女各当家。童孙未解供耕织，也傍桑阴学种瓜。"（《四时田园杂兴》）农事是繁忙的，没有半点空闲；所有的家庭成员都要参与其间，担负起自己的责任来。就连还是幼童的小孙子也不偷懒，那不是正在桑阴下学着种瓜呢！诗人非常善于构图，对劳动场景感知敏锐：童孙如若去做别的事情，就没有现在这么有趣，你看童孙圆圆的脑袋瓜与圆圆的新瓜，两个"圆"可爱地凑在一处，真是相映成趣。劳动沉重繁忙，但其间有田园的诗意，也有美好的人情。

五、陶渊明、苏东坡、托尔斯泰

谈到对劳动有深入理解的人，就不能不提陶渊明。他在

《移居二首》中强调"力耕不吾欺",就是在劳动中重塑自己的心灵并再建自己的世界,驱除自我中虚妄、不踏实的部分。苏轼自号东坡,也是期待在稼穑中对自己的生命进行校正与修复。也正是在这样的意义上,苏东坡完成了他生命里重要的一次突围,驱除那些华而不实的部分,让生命重新回到健康质朴的道路上去。劳动是质朴而深刻的,劳动启迪了人类纯粹而深广的快乐与智慧,进而确立一种淳厚、自然、朴素、美好的人际关系。陶渊明对这样的人际关系由衷地赞美与讴歌。这其中,自然有诗意的渲染,但质朴的劳动带给人的那种简单与淳厚,不能不说在现代社会越来越稀缺。

季节、土地、春播、秋收、付出、回报……在劳动过程中,在天地之间,这些重要的劳动要素,帮助人类领悟并获取了许多内在的体验与根本的价值:土地是不容欺骗的,劳动是诚实的,精耕细作、不违农时方有收成。劳动帮助人破除不劳而获、投机逢迎、贪图捷径的妄念与虚想,让人做事讲求踏踏实实、一步一个脚印。体力劳动如此,脑力劳动亦如此。所有的劳动都不能违背这些基本规律与核心价值。

这些质朴而丰富的价值,成就着人类最高贵的精神理解。我们常常将作家写作比喻为笔耕,作家张炜就曾将列夫·托尔斯泰誉为"耕作的诗人"。他认为托尔斯泰之所以伟大,是因为"他与土地须臾不可分离的关系"。并且认为"也许这是一个伟大诗人与庸常写作者的最本质、最重要的区别"(《耕作的诗人》)。如果我们能够带领学生进入这篇文章的深处，我们就可以领悟作家写作与土地劳作之间内在而密切的关系。文中有一段阐释内在朴实的劳动如何开启劳动者心灵与智慧的文字，颇具启发性：

> 一个人只有被淳朴的劳动完全遮盖，完全溶解的时候；只有在劳作的间隙，在喘息的时刻，仰望外部世界，那极大的陌生和惊讶阵阵袭来的时刻，才有可能捕捉到什么，才有深深的感悟，才有非凡的发现。

"一个人只有被淳朴的劳动完全遮盖，完全溶解的时候"，"才有可能捕捉到什么，才有深深的感悟，才有非凡的发现"。这不仅道出了写作与劳动之间内在而紧密的关联，其实也指出了真正成就一件事情的关键之处。不能被淳朴的劳动完全遮盖、完全溶解的时候，我们便只能生产些哗众取宠、浮光掠影式的东西。

劳动启迪人类对自身的终极性产生一种思考：人生一世，草木一秋。启迪人在有限的生命里，珍爱生命价值，使自我的生命灼如春花，茂如夏木，饱厚如秋实，皈依如冬山。

劳动是中华民族最主要的生存方式，此种生存方式必然会深深影响民族性格，成就中华民族最基础的美德。敦厚、诚朴、坚毅、坚信有付出才有收获、持之以恒、锲而不舍……愚公精神其实就是土地精神养育出来的，李时珍、两弹元勋、袁隆平等也都是土地精神养育出的杰出代表。

六、辽阔的课堂

当真实而内在的成长与思考缺席的时候，表面化的、大且空的、放之四海而皆准的、诱人的、操作简单的、一用就灵的"方法"自然浮出水面。题目，从来就不是只留给学生的。每一道作文题，首先是留给教师自己的。如若面对作文题目，教师自己都没有源于自我生命的体验与思考，又拿什么去和学生对话呢？又如何为学生设计任务群呢？所谓的启发引导、学习任务单等，其价值也便寥寥。教师曰：合理剪裁，精心组织，卒章显志，深入论证……但这一切不能安置在认知缺失、材料虚诞的地基上。辽阔的课堂，成就辽阔的材料，成就辽阔的体验，成就辽阔的思考，成就辽阔的师生对话。在辽阔之上，才会有精心的裁剪与组织，才会有修辞。辽阔的课堂，成就辽阔的分数；更重要的是，于此过程中成就爽朗、健康、开放的心灵结构与思维结构。而这些成就，最后都构成了我们社会的基础细胞。辽阔的课堂，不仅成就辽阔的分数，也成就辽阔的人，而辽阔的人构建辽阔的社会。

辽阔成就辽阔。

一定有人会说，上文引述的有关"劳动"的大量资料，得花多少心思、多少功夫，才能储备得，才能调用而出啊！师生在平时紧张的学习中，哪有这些功夫?！其实，这些资料，都来源于课堂，都来源于日常。资料主要来源于三个部分：其一是基本常识；其二是学生学习的课文；其三是学生做过的练习题与考试题。这些资料，都是我们日常的学习过程当中会遇到的，不存在"额外"与"附加"，也不需要我们另外再做功课。当然，我并不反对学生自我积累与探究，但这与我们上文所列举的材料无关。我们可能缺乏的是停驻，是思考，是回旋……是"人"与"文"更进一步、更内在、更自觉的一种交融，缺乏的是心中的贮存，脑中的停留。

当然，有关劳动的思考，还可以从其他层面展开，包括对劳动的必要反思。对于小农经济对人的束缚，以及由此衍生的文化上的种种弊端，鲁迅先生早有深刻的反思。因为先生的许多富有价值的思考早已摆在那里，而且此方面的思考不在题目的范畴之内，所以，这里就不再赘述了。

从"卷子"到"书"到底有多远？

——诞生高分作文的三个途径与一个期待

一、高分作文诞生在人丰富的内心世界里

人的内心世界，打个形象的、贪图方便的比方，犹如外界的自然环境一般，也是一种生态，也有一个生态系统。所谓良好的教育在某种意义上讲，就是保护、呵护、养护、培护这片内心的生态。这片内心的生态越是茂盛蓊郁、生机勃勃、深厚宽广，这个完整意义上的"人"就越具有生命力、爆发力与创造力。教育不是一年年、一层层的固化与瓦解，不是荒芜化和浅陋化；相反，良好的教育给予人的内心丰富的弹性空间。优质的教育，就是培育人丰富的可能性。作文，是"人"的一种生命输出与生命再现。一个作文题目，就是一颗种子，落在写

作者的生命空间里。如若生命空间优美丰富，湿润饱满，这粒种子就在这样的空间里吐芽展叶，葳蕤成花，婆娑成树，郁勃香气，披拂枝叶。如若落在沙化的土壤中，则终难长成南国佳木的森然挺阔与秀姿水韵。沙土中固然可长出仙人掌或胡杨树，但毕竟，并非每株植物都有如仙人掌或者胡杨树般坚忍的意志与不屈的精神。教育的核心目标也不仅仅是磨炼意志与培育坚强。

就我多年的教学观察来看，目前的作文教学，假中高考之名，经过一次次"规范""训练""提升"，学生的内心生态板结化与水泥化的情况真实存在着。从更深的层面讲，学生的现状，也是教师的现状。因为，所谓师生，其实是生命学习与成长的命运共同体，既相互促生，也相互遮蔽。

2019 年高考全国Ⅲ卷作文题的主材料是小林的一幅漫画（如图），我们就从这道作文题说起。

（据"小林漫画"作品改编）

高考前夕，也是高三学生离校前夕，许多老师在微信朋友圈转发小林漫画的原作。与高考题目中的材料关键性的不同是，原作中老师说的是："你们再看看卷子，我再看看你们。"毋庸讳言，小林漫画的原作更符合真实的高三教学现状："卷子"在高三，乃至在学生整个受教育的过程中，都起着无法取代的重要作用。漫画原作在那几日的微信朋友圈中人气颇高。我至今记得，面对漫画原作，教师的情感仿佛一下子被击中了，有的教师发朋友圈说："这幅漫画真是道出了老师的心声！"有的教师朋友感喟说："这幅漫画里洋溢着浓浓的师生情……"我当时看到了小林漫画的原作，也看到了不少教师朋友发自肺腑的评论……我心有戚戚焉。高中三年一路相伴，多少岁月，多少往事……师生之间值得留恋与怀想的东西太多了。

在高三卷子当然很重要，但这些年，我最害怕并且一直抗争的是，我们被卷子完全"锁住"，甚至彻底征服……理解感动之余，我是不会说出漫画中老师说的话的。师生最纯挚、最深沉、最内在的情感建立在文字织就的伟大作品的深处。师生的生命因为一部作品变得前所未有地开阔与浩瀚的时候，师生惊喜地发现在阅读中、在课堂里绽放出自己从未意识到的如此精彩的自己的时候……这一过程中沉淀与构建的师生情，再经过岁月的发酵，才是弥足珍贵的。

　　高三，毕业前最后一节课，我和学生说过不少话，但我不会把"卷子"作为内在的师生联系与生命联系。高三，我曾说过：

　　　　三年"停靠"是相互的一种认同，是相互的一种默契，更是彼此的一种欣赏；"停靠"是两种生命相交相融的一道隽永风景。你们走时，我希望你们能开成一道风景，我喜欢如磐的发威的火红的吐着粗重白气的远赴千里的巨轮。汽笛长鸣，响彻云霄，此时的我应该云霞满天，背倚青山。

　　因为有如此的内心经历，多次担任高三毕业班语文教师的我，会对小林漫画当中所表达的内容，心有所动，心有所感，心有所触；但如若变作漫画原作当中的那位老师，我想我不会说：你们再看看卷子……如果一定要让我的表达包含卷子，我想我会说：你们再看看卷子里的"世界"。"世界"两个字，对我而言，尤为重要！

　　一个老师的教学经历，既深入地决定着自己的内心生态，也极大地影响着学生的内心生态。

　　这是我与漫画原作的情感默契，也是我与漫画原作的内心冲突。以上这些内心经历，是我（也可以是一位考生）在遇到这道高考作文题之前的内心基础。每个人都是带着一个既有的内心基础面对考试题目的。这个内心基础，决定了文章关键的张力与根本的取舍。

二、高分作文诞生在人真实的生命体验中

高考的那一天，考生面对试题，看到的正是小林的漫画，但却是改编后的——将原作中的"卷子"变成了"书"。

每一个概念的背后，都存有一个世界，例如卷子、书。如若你与这个概念背后的世界，沟通过、交锋过、碰撞过，这个世界就会成为你的生命体验。这种相互进入越是深入、扎实、内在，一个人由此而构成的生命体验就越是深厚。生命体验是构成一篇文章核心内容、关键特色的最重要的基础与能源。

高中阶段，面对作文，我们习惯说审题。为什么有的人对某些词语就是不敏感？不敏感的背后，是否意味着某种必要的生命体验的缺失？你生命体验里没有的东西，即便命题者写了出来，题目中出现了相关表达，你依然可能忽略。每一位写作者只能写自己已经存有的东西，即便是神妙离奇、变幻无方的想象，也基于我们的"既有"。

我们审题的问题，恰恰出现在了这里。"你们再看看书"，

由于"书"这一概念的缺失，我们不但对此不敏感，而且可能反映在头脑中的依然是"卷子"。我们的思维结构将"书"转换为我们日日面对的"卷子"。这是写作中有趣且重要的一个现象，不过常常为我们所忽视。

命题者为什么要逆常规而动，将我们熟悉的"卷子"，换成"书"呢？"卷子"与"书"是两个概念，也是两个世界。概念变了，概念所联动的世界也跟着变了。

卷子在学习中当然有其作用和价值，但卷子只是一个载体，一套卷子可能很好，也可能存在着这样那样的问题。我们在做卷子、讲卷子的过程中所邂逅的语言与思想，我们为了应对卷子而主动访问的语言与思想，我们为了超越卷子而设法探寻的语言与思想……那些时候，那样的过程，那些彼此的关联与遭遇，构成了我们生命的扩展与舒张，构成了师生内心世界更为丰富开阔的弹性空间，构成了师生真实的内在的生命体验。是被卷子狭隘地锁住，还是充分利用好卷子，其间的差异还是很大的。我并不简单抵制卷子，但与卷子相较，书有许多雄浑博大的东西，狭小的卷子是装不下的。从更根本的角度上讲，书才是师生精神与生命交汇沟通的"场"。高三离不开卷子，但我们要像读书一样去读卷子里的佳作。我们的教育最可悲的一点就是，我们的世界全部被卷子最直接最表面的所谓应试的虚无信息与技巧困住了。大量的、机械的、低质量的试题训练与所谓的答题技巧，扼杀了多少奇思妙想，窒息了多少横溢才华。经历被狭隘的"卷子"锁住的高三，乃至整个高中阶段，甚至整个求学阶段，学生的内心世界是何等狭小与封闭，是多么艰难与苦痛。这样的教育过程培养出来的学生可能很多已失去了对"书"的敏感，也失去了与"书"对话的能力。高考题目纵然将"书"放出来，但与学生内心多次对话的却是狭隘僵硬的、牵动着真实利益的、让人焦灼不堪的"卷子"。此种情态下，学生的写作不外乎两种：一曰偷换概念，以"卷"代"书"，大力讴歌师生之情；二曰涂饰强说，大语欺人，细节基本靠不住。中学写作大肆流行论据手册，流行所谓的结合时事，流行结尾处光辉明亮的"大尾巴"，流行写作套路与模板，不是没有内在缘由的。生憋硬贴是不易的，学生作文中不少这样的内容，是学生在无话可说时，破釜沉舟冲杀出的一条条"血路"。

　　我的一位学生高考失利后，在开学前曾给我写来这样一封信：

　　　　我觉得，在语文课上，学到华丽的文字还是其次，学到的精神是我这辈子都受用的。在我高考失利后的那段日子里，我无比绝望！在收拾高考复习资料的时候，我看到了您当时给我们印的《笼中的鸟》《石缝中的生命》《岳桦》……以及那一句：让高飞的灵魂永不沉沦。您可能猜不到，在乐观的外表下，其实我的内心并不是那么阳光的，倘若不是您给的文章，我估计我的灵魂会就此沉沦。

学生是在感谢我，更是在感谢真实阅读的力量。学生在信中提到的《笼中的鸟》《石缝中的生命》《岳桦》诸篇作品，都是现代文阅读的篇目。只不过这些篇目都是我精心选择过的，我把"卷子"——更确切地说——我把"卷子"里的文章当作"书"来读了，而并未狭隘地停留在"卷子"上。这是我多年来的得分要领——通过发展"人"来发展"分"。高三学生时间紧，我就精心将卷子里的好文选出来，让学生当作"书"夹读。因为，书里有世界，书里有情怀，书里有思想。在切实的阅读中，在与文字内在的磨戛中，学生心中才能诞生充沛真实的生命体验。此种生命体验，不仅在这次考试里"正中下怀"，"押中题目"，而且也是决定文章细节与高度的关键性因素。一篇情感丰沛、思考独特、饱含力量、自具规模的高考高分作文，正是由此而诞生。

三、高分作文诞生在课堂自然的光芒里

高考作文题小林漫画中，有两个"再看看"。这两个"再

看看"，是把握这一作文的关键。

第一个"再看看"，是老师说"你们再看看书"。这是老师在强调"学生"与"书"的交融。"再看看"，就意味着这不是第一次看，以往就在看。老师在高三最后一节课的真情叮嘱是希望学生不要因为毕业而失去"人"与"书"之间那种内在而紧密的关联，是希望学生现在如此，未来也如此。这一句话是老师对学生的现在与未来的核心期待，也是老师对教育的核心期待，更是老师对人、对社会、对未来中国的核心期待。"你们再看看书"是期待所有美好的教育过程不会成为历史，不会消逝，人与"书"构成一种深度的交融。美好的教育过程、师生相处的过程、课堂触及的深度广度俱在，老师盼望学生心头有永远的坚持与不辜负。

在北京大学读博的冯昕瑞这样回忆她的语文课：

十多年后的今天，我依然记得，当年我们班的赵巍同学曾经在一篇高一时的作文里说出过的心声：连老师的语文课，"就像是一张大手，把一股磅礴的力量，塞进我小小的胸怀里"。这种感觉是特别奇妙的，而且令人上瘾，因为它激发了一个人心中真实的感动，拓宽了学生生命的维度。因为他的课堂有温度、有深情，有着老师和学生们真诚的感动和对伟大灵魂的敬仰。

毕业，意味着别离；别离，意味着改变。故而老师于毕业前的最后一节课，深情叮嘱。这是深情的叮嘱，又是殷殷的期待。

第二个"再看看"，是老师说"我再看看你们"。如果说第一个"再看看"——"你们再看看书"，是强调"书"与"学生"的交融，那么，这第二个"再看看"强调的是老师、学生、书三者的交融，是老师希望通过"再看看"的方式，在学生与"书"内在交融的基础上，将老师自己连入其中，这样师、生、书彼此融通，就构成了一条以老师为端点的三点成一线的无比夺目的射线。这条射线将师、生、书的生命光亮与精神力量融为一体，这条射线射向远方，射向老师对"人"与教育无比美好的期望，对民族未来无比美好的期望。这条射线将现在与未来完整地融为一体。这时候，老师、学生、书三位一体了，构成了无比闪亮的"一条视觉线"。这条线画出了民族的未来，也画出了中国无比辽阔的未来。

在高三最后一节课，我没有说过"再看看"，但我和学生说过这样的话：

> 我们将永远热爱天空和大海，我们将永远热爱世间那些站在黑暗里高贵而庄严的灵魂。我们无论走多远，心中永远有大地和河流！有苍生，有世界！曾经种下的，我们

将加倍呵护并用心体会。岁月流逝，我们的生命却总不结茧！

因此题目在两度交融里构建的是无限深挚、无比辽阔的师生情。这是老师对学生深情的诉说，诉说中何尝不包含老师对自己职业的理解与把握。为什么要再看看自己的学生，要再看看这些年轻的生命？这是因为在课堂里，在书海中，师生一起看到了无尽辽阔与高贵的内容……这一个个年轻的生命里洋溢着新鲜、明朗、有创造力并且富有改变性的力量。老师看他们，其实是在看对未来的憧憬与希望、对人的美好与价值的企盼。由此，书里才能诞生隽永绵长、深挚的师生情，书里才能诞生无比璀璨、无比辽阔的师生情。而这一切是狭隘的"卷子"做不到的。

课堂里的自然光芒，先将你镀为金色，再投映到你的笔端，变成有光亮的文字。

四、是题在文上，还是文在题上？

就考试而言，作文题自然是一道检测性的题目。似乎应考者（写作者）往往处在被动无奈、被检测被评价的地位，命题者往往居于主动、支配地位。但从更深层的角度去思考，命题与写作从来都是一场微妙而内在的博弈，两个方面并列起来看，才饶有意味。

真实的状况是，面对一道优质的作文命题，学生不一定能写出好的作文。考生有可能辜负了题目，在众多不如人意的作文中，教师只能勉为其难在矬子里拔出将军，给予高分。但与之相反的情况同样存在，那便是我们的命题显得局限、狭隘甚至拙笨，但有的考生却能够不受其囿，突破围困，巧妙借势，在不违背命题限制的基础上，其创作的立意视野、格局风范，都在命题之上。

在现实的教学中，我常常这样鼓励学生，作文命题的优劣、侧重、格局、境界都不是一个考生所能左右的。但我们似乎应该牢记一点，一道作文题，本质上就是一个跳板，我们要借助这个跳板，翻转腾跃出我们自己的生命姿态以及我们对问题的注视与思考，展现出我们思想与情感的深度与广度。命题优质，我们的写作不一定就必然优质；命题局困，我们的写作不一定必然局困。命题是命题者的事情，而写作却是我们自己的事情。自己的事情，就不可不在意，就不可不努力，就不可不计较。

一道作文题，是命题者与写作者的一场内在博弈，就写作深处而言，并不存在命题者占尽上风的问题。面对那些水平高于自己命题的写作，不糊涂的命题者会心生喟叹的吧；面对水平高于学生创作及教师指导的命题，师生也会有所反思吧？

　　这是我指导学生写出高分作文的三个途径与一个期待。分数当然很重要，但分数和人放在一起，到底哪一个更重要呢？如果在成就人的同时，也成就了分，那么这样的途径，为什么不能受到我们的足够重视和关注呢？成就"人"（师生一体）也是在成就学生作文的高分。

　　从"卷子"到"书"到底有多远？这是我一直在想，恐怕还要想很久的一个问题。

笔下的跃然生姿源自师生内心的不断"出发"

——再谈高三作文的提升策略

一

开篇即言"再谈",原因是众所周知的。年年都有大量谈高考作文突破的文章,高考前夕尤多。一个普遍的事实是,越是声言操作性强、能够立竿见影者,越会遭到众人的围观。一位从事语文教育的资深编辑曾对我言:学生如此,教师群体亦然。他说,自己有时不免觉得心寒。

二

讲一个真实的故事。

　　青黛同学，是我的学生。高一的时候，我教她。开学不久，我就发现她听课时有一个独特的表现。她准备了一个精致的笔记本，放在课桌一隅。上课的时候，常会迅捷地打开那个笔记本，写上几笔，然后快速合起来，转回课堂。时间久了，我渐渐猜到了七八分个中缘由。因为，她提笔之时，往往便是课堂的紧要之处。课堂的紧要处，一般不是搜索引擎可以一下子便查到的内容，这一点对于语文课堂尤其重要。语文课，一流的价值似乎不在静静躺着的那些"知识"里。课堂的紧要处，应该在闪现着师生心灵光泽、矗立着师生思考青峰的地方。课堂的紧要处，往往在师生灵魂出"窍"的地方，往往在可以帮助"人"发现潜在的美好的自我的地方，往往在解除了"人"日日携带的"硬茧"与"庸常"的地方。课堂上，她常常于此处动笔。

　　一次课下，我和她聊起了此事，问她为什么要写，都写了些什么。她笑着回答说，听老师讲到妙处，心有所感，就快速记下来，害怕时间久了，自己会忘记。征得她的同意后，我借过来一看，果然如此。不过，有的是我和其他同学的原话，有的是她在我或同学表述的基础之上，自我的体验、印证以及由此而生的一些感受。

　　我为有青黛这样的学生而感到由衷骄傲！我特别喜欢和学

生强调的是：一节课，最重要的不是掌握了什么，而是掌握之后如何再"出发"。为此，我特别在意于课堂里"制造"这些"出发"。当我们的心灵与思想能够不断触探延伸的时候，我们便获得了活泼的性灵与内在的思考。这些内容鲜活地滋润生命，也帮助我们仔细地斟酌生命。这些从课堂里、从我们日日忽视的时光里"迸溅""跳荡"出来的东西，从某种意义上讲，才真正属于我们自己，是构建"自己"最重要的"材料"。如果仅仅从作文提升的角度而言，这些内容本身便构成了无穷无尽的写作内容与表达依托。例如我在北京四月里的雾霾天曾经讲过贺知章笔下的春天——《咏柳》。青黛在本上是这样记录的：

老师说，在雾霾天读青春的唐诗，也可算是为自己买了一个洁白的有九重防护的高级口罩。清新雀跃的诗句应该诞生于一个亲切活泼、心光闪耀、厌倦沉闷的生命里。老师讲《新唐书·贺知章传》里对贺知章有这样的一段记载："（贺知章）性旷夷，善谭说，与族姑子陆象先善。象先尝谓人曰：'季真（贺知章的字）清谭风流，吾一日不见，则鄙吝生矣。'"陆象先的说法，果然验证了《咏柳》一诗跳荡轻灵的才思与"人"之间的关系。贺知章是一个很明媚、很春天的人。

　　青黛的作文，立意高致，文思玲珑，能见一般学生所未见，在整个年级中算来，也堪称佼佼者。高一的时候，有一篇考场作文，要求写"声音"。青黛的文章虽是考场急就章，但别具一格，颖透且有深度。她写的是通过写作来倾听自己内心的声音。有一段，她是这样写的：

　　　　我开始喜欢每天写一点东西给自己。有时候挤在地铁上用手机写，有时候独自在深夜的台灯下写。小的想法可能只是两三行的笔记，有感而发处也许是长篇大论。可无论是在嘈杂的人群，还是在寂静的黑夜，那短短的时间里周围的环境仿佛与我无关了。我用文字和自己对话，而文字那端也会有一个自己来回应我。

　　为了激励与改变更多的同学，在各种场合，我不断提到青黛的那个小本。这是因为青黛的小本，不仅仅是一种学习方法，更是一种生命方式。那是师生相携的"游学"：我们兴奋于可以到达一个陌生的地方，我们可以枕着遥遥的铁轨到远方去，我们可以行走在陌生而又亲切的一座"小镇"里……笔下的丰沛与圆润，得自我们师生日日不断的"出发"。与之相反，当我们的生命缺少流动、徜徉、柔软和那些撼动人心、直抵心灵的内容时，我们下笔时该是何等无聊与虚无啊！笔下是活泼泼的一湾清漪，还是尘飞土扬的一场躲避与忍耐，这一切都与我们的生命风景相关。当然，笔下愤然的沉重也是另一番"风景"。乌云蔽日、浊浪滔天，我们的悲怆与呼喊在天地间灼亮如劈天的闪电。

也许正是平日里的那些"出发"，为青黛营造了许多开阔而美好的诗意与远方，让她的笔下有了自我生命里的活力与生机。

三

高二一开学，由于工作上有了新的安排，我不教青黛了。一年多的时光转眼即逝，一天，我收到了青黛发来的一则短信。

连老师，有个问题想求助您。我进入高三以后，作文一直都表现很差，不知道该怎么写，总感觉没什么材料；而且现在时间紧，阅读量几乎没有了……经常看着一个题目无从说起。这次全区期末统考，我的作文只得了36分。老师您觉得现阶段我应该怎么补救一下啊？

看到青黛的短信，说实在话，我特别吃惊。这是昔日那个才思泉涌、笔底缤纷的青黛发给我的短信吗？更让我吃惊的是青黛提到的全区统考的期末作文题。2015 年秋季学期全区统考作文是二选一。题目如下：

> 从下面两个题目中任选一题，按要求作答。不少于700 字。
>
> ①刚刚过去的一年，无论世界、国家，还是家庭、个人，都经历了各自路途中的阴晴雨雪。过去这一年中的喜怒哀乐，哪些是值得你回味的？
>
> 请以"2015，值得回味的日子"为题，写一篇记叙文。将题目抄写在答题纸上。
>
> ②《那里的世界只剩下一种人》中有一句话："如果有一天没有了纸质书……不，我相信我不会见到这一天。"作者借此表达了自己对纸质书以及阅读生活的热爱。飞速向前的生活中，很多事物都在发展变化着，很多东西都有可能逝去。
>
> 请以"如果有一天没有了_____"为题作文。将题目抄写在答题纸上。
>
> 要求：自选一物填在横线上（书籍除外）。可议论，可叙述，可抒情，文体不限。

让我惊讶的一个重要理由，是区统考的第二个作文题"如果有一天没有了＿＿＿＿"其实就是 2015 年高考北京卷作文第二个命题的另外一个说法，写作的实质完全不变。我们回顾一下这道高考作文题：

《说起梅花》表达了作者对梅花"深入灵魂的热爱"。在你的生活中，哪一种物使你产生了"深入灵魂的热爱"，这样的爱为什么能深入灵魂？

请以"深入灵魂的热爱"为题作文。

要求：自选一物（植物、动物或器物。梅花除外），可议论，可叙述，可抒情，文体不限。将题目抄写在答题卡上。

"深入灵魂的热爱"要求学生先择一"物"，阐释其精神价值，进而谈谈此物之精神价值对于自我生命之影响。而"如果有一天没有了＿＿＿＿"则是从一"物"消失之后，必将导致其蕴含的精神价值衰亡的角度，特别是会对人类精神构建造成遗憾与损失，言其"物"之重要。这两个作文题，题面的表述看似完全不同，实则一正一反，是一个手掌的两面。6 月高考，9 月迎来高三新学年，区统考是前半学期即将结束的时候，对高三学生进行的一次检测。其间经历了半年的时光，我们不应该对当年的高考作文题毫无觉识，特别是对青黛这样的同学而言，这不能不说是一种遗憾。而且，依托于青黛同学日常里的所思所感，这样的题目——如果仅从应试的角度——对于像她这样的学生而言，其实是不应该也不可能造成困难的。套用《水浒传》中称赞智多星吴用的一句话："略施小计鬼神惊。"

　　我将我的疑问传递给了电话那头的青黛。她嗫嚅着，说见到区统考的第二个题目，当时脑中毫无材料，不知道该说什么好。在迫不得已的情况下，只能选择题目①，写记叙文，本非自己擅长，实是无奈之举。青黛请我帮她看看所写的记叙文，她发过来后，我一看，确如青黛自己所言，不太像记叙文，情节打不开，其实写得更像是有感而发的散文。只是若从散文的角度而言，感触的部分又写得浮泛，缺乏个性特征。我一下子想到了青黛的那个小本。我半开玩笑半好奇地问她："青黛的小本呢？"她当然知道这个典故，不好意思地说："老师，其实，自您离开后，我就没有记了……也觉得没有什么可记的了……"然后，是电话里我们俩一起献出的沉默。我鼓励青黛说："其实恐怕问题就出在这里，我们的心波思潮停下来的时候，笔下便也一片沉寂了。即便靠我们较好的语言能力，勉力为之，但内里的贫乏与虚弱是掩盖不了的。或许我们力图靠几个方法短平快地解决这个问题。但无心源活水，再好的方法其实也只能是一种勉强的补救。要写下去，记下去，特别是高三的时候，我们的心中更需要跃然生姿。"青黛听了，激动地说："真的特别感谢您！那个小本子我一定要重新翻看，觉得那时候的自己还挺让人感动的！我一定努力，老师！"

四

青黛的故事，给了我很大的震动。斟酌一下，高一的时候，贺知章的"春柳"不就是一物之于生命的意义吗？不就是贺知章深入灵魂的热爱吗？如若遗落了春柳，贺知章的心魄中会丧失多少活泼的生机啊！如果我们能够从内心深处产生写作的力量，高考作文并非绝对的难事。

在这个世界上有太多虚假的"指引"。真正的指引，我想是能够让你渐渐看到自身内在的美好与力量的。师生皆如此。

当师生的内心停止了"出发"，作文的窘迫便随即而来。高三尤甚！

学生出发之前，老师就要出发。一同不停出发的师生是快乐而幸福的。成全了自我的生命，也便成全了自我的作文。高分作文又何足道哉！

在海天之间奏响心中的乐章

——谈谈高考作文备考的核心策略：视野即分数

一

大考前，重提视野，是因为见到"现实"里众多的"方法"遮蔽了教师的天空，也阻挡了考生前行的路。方法，是实力下的方法；方法，是视野中的方法。不讲实力、不展视野的方法，在琳琅满目的观瞻之外，别无他用。

视野是胸中峰峦，当它高耸而出的时候，慌乱盲目的"现实"就沉于脚底了。视野是笔下天空，当高远与蔚蓝在纸间浩荡铺展之时，孩子们的文字便更能接近心灵的本源。笔底的润泽，写出生命里的自己。这些都是多么重要的得分"方法"呀！考生视野开阔，无论面对怎样的材料，笔下的姿态与风光都会有秀美奇绝之处。

　　这样说，绝非只为动听之辞，做一点诗意的描绘与抒情，而后便不得不有时甚至心甘情愿地一头扎向"现实"去过真实而"有效"的得分生活。被狭隘简单的"现实"困围得久了，我们会将屈从理解为理智，我们会将放弃理解为务本。或许会有人说，这些话我在道理上都认同。其实，一种认识，如果我们在现实里不奉行，那便是一种完全的背离与彻底的不相信。以我自己实际的教学经验而言，这些话可以成为考场作文得高分的核心指导原则与行动法则。在现实里有一条潜规则值得我们警惕：美好可贵的，只能用来说说；若要取得现实里的"成功"，还需暗、黑、恨。我们不能让这种狭隘的观点影响了我们的备考。真实的写作引领着"人"的成长与发展，不断成长与获得发展的人，一定更具备得分的可能与实力。考场上的千变万化，哪里是老师都能"教"的，哪里是那些"方法"所能包容的！不讲实力，不讲"人"的切实发展的"方法"，不过是些好玩的名称而已。只有不断成长与获得发展的"人"，才可以不断拓展着他的写作内容与技巧，才可以应对任何意料之外的考场材料。作文，哪里是几个所谓的方法就能解决的。说得简单一点，我们比鲁迅似乎更知道"题旨要深刻"的方法，可我们依然无法成为鲁迅。更本质地讲，知晓了"题旨要深刻"的方法，并没有缩减我们与鲁迅的距离。教写作，不是要将学生都变成鲁迅，而其间蕴含的人的真正成长规律与写作的真正发展规律，不容我们不去正视与思考。视野狭小，目光局限，由此而生出的材料僵化、文字板滞、模式单一，是我们当前作文中最为严重的问题。

　　就教育本身而言，帮助学生构建突破狭隘现实的视野、形成有效的独立判断，可以说是教育最核心的任务与使命。就学生的成长与写作的实效而言，学生的视野决定了写作的范畴与内容、广度与深度。不断拓宽学生视野，帮助学生在更开阔更宏大的视野内构建观点与发现细节，是改善学生作文状况最重要的一环。相同的作文材料，在不同视野的观照下，会形成完全不同的"风光"。有的是粗砂砾石，了无生机，有的则芳草萋萋，鸟语花香；有的是荆棘丛生，漫漫荒野，有的则枝繁叶茂，蔚然深秀……视野窄狭者，陷在材料里，如在泥淖，手刨脚蹬，难以自拔；视野开阔者，面对材料，如得跑道，一路滑翔，腾跃升空。视野，不是锦上添花，不是有了"更好"；从近些年的高考作文赋分状况来看，视野本身便是分数。

　　　二

　　现实里一日日的生活，本身便在酿造、丰富着写作材料。

可惜的是，狭隘的视野不仅使我们失去了眺望远方的能力，而且也蒙翳了我们发现眼前生活的能力。急功近利的"方法"使万千考生只得在、只能在"感动中国"里人云亦云地写来写去。空洞的泛道德说教，使我们的高考作文千人一面，考生的笔端了无生趣。

　　一次我去山西运城与那里的学生交流作文。其间，谈到了有关"脱掉外衣和鞋袜，就甩掉了多余的顾虑"这个作文命题。同学们都感觉没什么材料好写。我忆起刚吃过的运城特色小食——羊肉泡馍，就对同学讲，运城小吃羊肉泡馍别具特色，我来到这里才发现，它与陕西的羊肉泡馍有所不同。我觉得运城的羊肉泡馍，质朴热情，敞开心扉，以低廉的价格笑迎天下客。粗瓷大碗内盛满滚热的鲜汤，汤里便是美味的羊肉与厚实的白馍，所有的一切直奔主题，简洁明快，舍掉了一切敷衍和过度、繁缛与雕饰、细枝与末节，可谓老幼皆宜，量足味美，实实在在。作为北方小吃，它与精雕细琢、讲求细节与装饰、静雅清淡且价格不菲的南方菜式个性完全不同。我以为，运城羊肉泡馍之所以能够别具特色，很重要的一点便是懂得"舍得"与"褪去"，"放下"的同时成就了它的独到与隽永。与羊肉泡馍相配套的是"俗得可爱"的方桌大凳与进餐时的热火朝天。如若大家将日日所见的羊肉泡馍写到高考作文中去，一定会独树一帜，让人耳目一新。因其独到，所以便于成就高分。

三

2014 年高考北京卷作文题目与"老规矩"有关。北京过去有许多"老规矩"，这些人们从小就被要求遵守的规矩，影响了一辈辈北京人。这些"老规矩"引发了你哪些思考？

题干中罗列的"老规矩"是复杂的。比如，笑不露齿，于今日而言，似乎已然过时；但话不高声，特别是在公众场所，依然是现代公民的一项重要素质。命题者，就是要将这样一个复杂的问题，提出来，引发考生思考，让考生在辨析中厘清并表达自己的观点。否定某些老规矩，让现代中国人以更快的速度跟上世界的节奏，诚应如此；坚守某些老规矩，让国人在悠久的历史里，感受民族的特征与力量，亦是获取高分的重要突破之法。

《帝京岁时纪胜》曾有这样的记载：

> 至（冬至）日数九，画素梅一枝，为瓣八十有一，日染一瓣，瓣尽九九毕，则春深矣，曰"九九消寒之图"。

冬至当日起，开始"数九"。自此，辽阔的北中国渐渐进入一年中最为严寒荒瑟的时期了。冷雪寒冰、凛风严冬将统治这片枯山瘦水。古时，物质条件十分贫乏，这样的生存挑战是异常残酷的。九中有九，便足见古人对这段苦寒的敬畏与沉沉压在他们心头的那份重负。就是在这样的困窘苦捱与万物萧瑟里，我们的先人于数九的第一日，画素梅一枝，为瓣八十有一，然后日染一瓣，瓣尽九九毕。九九消尽，素梅已着一树俏丽的红装，而窗外也已是寒冰消尽、百鸟欢歌、万物欣然的朗朗春日。蓦然回首，那九九八十一天，不是日日的苦楚与苍凉，不是日日的无助与无奈。我们的先人将日日的诗意、朗润、欣然，与走过的苦寒岁月融合在一起。我们的先人，用诗意盎然的精神生活，为广袤寒苦着上了绚丽色彩，将百般凄冷绘成了一树欣然。这样的生活智慧与生命智慧足以让我们心头震撼，这样的消寒方式让我们这些现代人刮目相看，叹为观止。

元代杨允孚《滦京杂咏》，说得更充分：

试数窗间九九图，余寒消尽暖回初。梅花点遍无余白，看到今朝是杏株。

原注："冬至后，贴梅花一枝于窗间，佳人晓妆，日以胭脂图一圈，八十一圈既足，变作杏花，即回暖矣。"

可将寒梅作杏株的老规矩，我们现在为何不取？先人的这项老规矩分明就是在治疗我们日日匆忙、忽略过程、功利心日重的现代病。这样的老规矩，我们如何可以不继承！我们甚至应该将其贡献于世界，告诉世界我们的先人曾有的诗意坚守与生活智慧。

四

2014 年高考广西卷的作文题目值得思考。农民工老王得病后无钱医治，医院和老王的老板向他伸出了援救之手，老王的病得到了及时治疗。可老王病好后却无法偿还剩余的医药费。老王怀着一颗感恩之心，决定到为自己治病的医院打工抵债。院方深受感动，聘他为陪检员。老王特别敬业，作为曾经的患者，他格外懂得怎样帮助病人。要求考生根据材料自选角度作文。

这个作文题好写，因为这是一个封闭性题目。题目中的三要素——医院、老板、老王——在价值取向上都是一元的。这样的题目不会引发学生的多元判断与强烈的思维冲突。善良、友爱、关怀、救助、无私、利人、感恩、报答……这样的价值判断很容易从材料中生发出来。

这个材料很不好写。正是因为那些人尽皆知的善良、友爱等价值判断一看便知，所以这样的写作便特别容易步入空泛与干瘪，特别容易流于口号与肤浅。这些人类最基本的价值观，看似只是一个个词语概念，但出自内心的确认与坚守，都是人类"惊天动地"的大事。人类的根本价值，因其根本，所以在泛泛之论中反而会受到深度贬损。

英国诗人约翰·多恩曾写过这样一段诗，大意是：

> 谁都不是一座孤岛，自成一体；每个人都是广袤大陆的一部分。如果海浪冲刷掉一个土块，欧洲就少了一点；如果一个海角，如果你朋友或你自己的庄园被冲掉，也是如此。任何人的不幸都使我受到损失，因为我包孕在人类之中。

我想，这是命题材料中医院、老板、老王连结为一个整体的真正撼动人心的原因。

五

写作，可以帮助孩子们鲜润丰富地活过一生。写作的发展，是与"人"本身的、内部世界的发展相伴始终的。笔下的世界，是"心"造而出，同时会反过来影响"心"的世界。

　　走出狭隘的"方法"，望向辽远的地平线，去看最美的白帆，在海天之间奏响我们心中的乐章。

　　我们应该带着这样的状态去备考，而高考作文翩然而至的材料一定会融入我们的白帆，合奏我们的乐章。

三路并进，润出华章

——谈谈语文大考前的作文准备

作文是可以准备的，也应该准备。大考前，作文充分地有意识地做了准备，才更有可能获取高分。这是作文备考的经验之谈，也是获得高分之道。

考前如何准备作文？下面就这方面问题，和广大考生及相关教师进行探讨。

一、巩固、拓展写作内容

无论高考作文如何命题，一般而言，题目控制的是题旨，是方向，对于写作内容往往是不加干预的。选择恰切的、熟悉的内容构思成文，这是考生的写作自由。这一特点，既体现了

新课标的核心理念，又是作文成功备考的关键所在。作文命题
的题旨与方向，考生事前一定是未知的，但无论怎样的题旨与
方向，都需要充实有效的写作内容来支持。而充实有效的写作
内容则一定需要考生提前准备，也必须提前准备。当然，这样
的准备，不是让考生考试的时候，简单照搬照抄，而是考生需
要依据题目的具体要求对写作内容恰当取舍与整合，而取舍与
整合的基础则是事先充分拥有。

拥有，分为两步：一为巩固，一为拓展。高三作文备考，
教师很重要的工作就是能够不断激发、巩固、拓展考生的写作
内容。从某种程度上讲，考场时间紧，考生阅历浅，考生在考
场上写出有深刻思想内涵的文章实属不易。因此，高考作文思
想内涵之争，往往容易演化为写作内容之争。

高考写作内容的准备包括哪些重要的方面呢？择其要，概
括为 9 类：生命发现、情怀依依、精神强度、艺术之光、万物
有灵、中西对比、生活温度、质疑追问、民族文化。此 9 类，
需要考生重点关注。

下面就"生活温度"这一层面，详说如下。

2011 年高考新课标卷作文题目与"中国崛起"有关。"中
国崛起"决定了写作的题旨与方向，但是用什么样的内容去支
持、表达这样一个宏大的题旨，会直接决定写作的高下。试看

下面一文。

父亲的车子（节选）

父亲喜欢车子，车子是父亲的朋友。车子的变迁，确能反映父亲生活的历程，甚至国家的发展变化。

八十年代中期，父亲的工资只有 46 元，每月被扣除 15 元伙食费之后，就只剩下 31 元了。一天，父亲学校的一位老先生通过学生家长弄得一张"车票"，一辆崭新的飞鸽牌自行车，从此成为父亲的朋友。

十多年过去了，父亲的车子渐渐地老了，全身没有了光泽，属于它的光鲜时代已经悄然远去。于是，父亲就花一个月的工资，买了一辆当时还很流行的重庆嘉陵摩托车，从此，老"飞鸽"就光荣退休了，那是 2000 年的春天。

如今，学校的停车场上已经排满了大众朗逸、一汽速腾、通用别克……这辆嘉陵，也开始与父亲闹意见了，最近，听父亲对着"罢工"的嘉陵笑着说："要是你再不思进取的话，我就要移情'速腾'，追求'中国速度'喽！"

文章通过父亲几十年间用的车子的变化，从一个普通人生活的变化反映了时代的发展与国家的变化，从"生活温度"这个温暖的侧面，巧妙表现了一个宏大深刻的主题，可谓角度新颖，内容独到，感染力强，赢得高分是自然之理。

2011 年高考广东卷作文题目是"回到原点"，一位考生是这样应对的。

回到原点（节选）

我知道，只要再迈一步，我便回到我人生的"原点"——那条打我一出生便陪伴着我的老巷。那条充满西关风情，予我人生第一课的老巷。

深红的赵龙门前是三级浅平的石阶，某户人家的老猫正慵懒地躺在石阶上，享受正午到来前温和的阳光。偶有微风拂过，老猫用前爪轻轻拨弄脸上的胡子发出"喵"的一声后，打了个滚又沉沉睡去。我知道，这是在喧嚣大城市的深处才有的悠闲与宁静。而我人生的起点就始于这一片祥和中。

青瓦砖、古榕树，越来越多的景致冲击着我的视网膜，也敲打着我心。可是，忽然，一个红得早已褪色却又刺眼的"拆"字赫然出现在老屋的墙壁上。人生的原点、文化的原点，与高速发展的经济、拔地而起的大厦相比，似乎已经变得渺小了。

百年屋巷，已不仅仅是儿时生活起居的场所，它更是作者生命的出发处。作者谓其为"原点"，是因为此地包孕了作者生命的纹理与脉息，包孕了作者生命的感悟与领受。社会在不断变迁，生活也在日益变化，但那个铸就生命、绘出生命的"原点"，却愈加清晰。

　　两篇文章，命题完全不同，但两位作者应对的内容却有紧密相关之处。将笔触探入生活中去，用敏锐的心去理解感受生活中的温度，将这样的温度化为笔底的涓涓细流，将平淡无奇的生活一笔一笔照亮，这是高考作文备考的重中之重。对此，考生朋友千万不能忽视。其实，这样的准备，还教会我们如何在繁忙杂乱的生活中静静地、深入地感触与理解幸福。这样的迈进，从高考出发，而触及对"人"与"生命"的整体关怀。一位考生可以感触幸福，不但他的生活变化了，生命丰盈了，同时，他的高考作文写作内容自然也大大丰富了。他的高考作文备考，已入化境。通过改变生命，来改变分数，正是笔者一直以来对广大考生深沉而诚挚的期盼。

二、兼修、优选表达方式

　　我们常提及的 5 种表达方式——记叙、议论、说明、描写、抒情，在作文备考过程中，不容忽视。这 5 种表达方式，在写作中，考生朋友可以有所侧重，但应该有一个基本前提，那便是这5种表达方式考生都已掌握、都能运用，没有"死角"，没有"盲点"。

一些学校，在备考中，只练议论文；有的考生还错误地认为，议论文可以规避自己语言表现力不足的问题。这种做法与想法都是偏颇的。选用怎样的表达方式，实际上是依据命题特点而定的，不好刻舟求剑。例如，2006年高考上海卷作文题目为"我想握住你的手"，此题写成严正板直的议论文恐怕就不易。再如2011年高考重庆卷作文题目"情有独钟"，完全可以写成一篇有较为浓郁的抒情氛围的文字。

想要练就高分作文，考生应该达到5种表达方式均可运用自如的程度。因为，针对高考作文命题特点，恰切选用表达方式，才可以做到新颖独创、异军突起。而这一点恰好是成就高分作文最主要的一个途径。

2011年高考江苏卷作文题为"拒绝平庸"，一位考生是这样呈现的。

先生突然若有所思，对我说："昨天作文里有句话很有意思，猫吃鱼，狗吃肉，奥特曼打小怪兽。"我点点头，说是引用来的。先生神秘地说："我有更好的版本！"我大奇，等待他的下文。先生却不说话，举起空空如也的酒杯又甩了一滴出来，摇头晃脑地说："猫吃鱼，狗吃肉，小老头喝茅台酒。"

许多考生围绕题目展开议论，这位考生却选择了记叙和描写，进而充分发挥出记叙与描写的亲切、逼真、自然、故事性强、贴近生活等特点，将一篇考场作文写得行云流水，一派天然。这样生动鲜活、洋溢着生活味道的文章，很自然便从卷海中脱颖而出，给人留下清新难忘的印象。

其实，即便是议论文，也不拒绝比例适当的抒情。2011年高考湖北卷作文题目为"旧书"，一位考生写道：

> 海德格尔说，人要诗意地栖居在大地上，所以在偷得浮生半日闲的时候，捧起一本旧书，听光阴的故事，领千年的情，每一本旧书背后，都藏着一个幽深的海……

"捧起一本旧书，听光阴的故事，领千年的情，每一本旧书背后，都藏着一个幽深的海……"在这样的立论里，我们分明可以感受到作者笔下涌动的感怀与深情，澎湃的情感与严谨的论证相得益彰。情理兼容，让道理不但讲得晓畅透彻，而且牵动人心，让人在感情的涌动中再次加深对道理的体悟与认同。

高分的议论文，说理的同时也绝不排斥适度的描绘性文字。

2011 年高考湖南卷作文题目要求考生就一位歌唱演员的话语及角色转换发表看法，一位考生写了《低姿态的高贵》，他在文中写道：

> 你可知谦谦如玉的君子的姿态吗？君子的高贵，在于他们总是俯下身，伸出手，笑问这世间是否需要帮助。俯身的一刹那，君子那温润如玉的素养便如清泉般流出，令这世间，馨香流淌。

这些说理性的文字，不但论点精要，有自我见解，而且词句典雅，修辞得当，语意丰满，款款而至，给阅卷老师留下了深刻而美好的印象。

三、理顺、强化内在逻辑

大考前，应该对自己曾写过的文章进行一次大梳理。查看与反思自己写过的文章，特别是高三写的，文章内部的思路、逻辑、层次、结构是否合理，有什么不通顺之处，该如何改正。如果，上述要点基本做好了，那么，还应该进一步想一想，有没有更佳的思路与表现角度？在层次与结构上，还可再做哪些完善与突破？

　　首先，重视句段内部的逻辑。写作与修改的时候，考生不应该将注意力都集中在语句的修饰上。语言反映思维。我们要力求在语言通顺、赡美的基础上，让表达更符合自己内在意思的需要，更准确，更富含内在的逻辑力量。北京地铁广播里常说乘客要将座位让给"有需要的人"。细究起来，此表达是不准确的。因为，若论"需要"，拥挤的地铁里几乎人人需要座位。准确的说法是将座位让给"更需要的人"。将自己需要的东西赠予他人，更见高尚。一字之别，是语言的功力，更是逻辑力量的彰显。

　　其次，一篇考场佳作，需要把握好段与段之间的内部关系，层次清晰，结构合理。每一文出，必有其内在的行文逻辑，此逻辑一定要顺达严整，合理自然，不偏不拗，不离不散。高分作文，非常重要的一点，便是文脉清晰，文理畅达。

　　前面提到了高考作文题目"中国崛起"，一位优秀的考生的行文逻辑为：

　　　　天道酬勤，中国崛起的背后是勤奋。

　　　　推陈出新，中国崛起的背后是创新。

　　　　众志成城，中国崛起的背后是凝聚力。

　　　　中国的崛起不是偶然的，崛起的背后是中国人的勤奋、创新、学习等优秀品质和强大的民族凝聚力，这是中华民族的宝贵财富，是我们创造美好未来的巨大资源。

此篇文章，从"中国崛起"的深层原因着笔，进而探求深化，归结出基本的三点原因，清晰呈现，有条不紊，侃侃而谈。严整畅达的层次与结构，是他获取高分的重要原因。

最后，层次与结构，再做得好一些，可以做到既清晰合理，又独具个性，富有特色。前文提到高考作文命题"拒绝平庸"，一位考生就"五只粽子""一只鸽子""一棵树"三个生活场景展开思考，表达了"因为平庸，我们拒绝平庸；但如此'拒绝'，我们是否真的不平庸了"的独特思考。此篇文章由于具有这样颇有个性与价值的结构、思考，获得高分，自是情理之中的事。

为大家提供三条路径，希望广大考生面对作文积极备考，有效备考，润出华章，向阅卷老师与整个社会，提供有价值的表达与思考。

心中有数，笔底生辉
——高考作文备考的四个关键词

新一轮的高考作文备考已经拉开序幕，即将进入关键阶段。高效备考，关键是做到"心中有数"，这样才会"笔底生辉"。我们应该把握一些关键词，尽管每年的高考作文题目各不相同，但都会与这些关键词密切相关。

一、限定

一位成熟的考生，面对一道作文题，首先应该明确的便是作文题限定在哪里。只有明确"限定"，才能知晓"开放"在何处。明确"限定"，是为了不犯规；知晓"开放"，是为了有个性。所以"限定"是个关键词。

[例1]

　　今年 3 月 25 日，在国人的强烈反对声中，佳士得拍卖行仍将圆明园非法流失的兔首、鼠首铜像在巴黎拍卖。某艺术公司总经理蔡铭超高价拍下这两件文物，但事后拒绝付款，造成流拍。

　　对此，舆论一片哗然。有人称其为民族英雄，有人认为这是恶意破坏规则，还有人认为……

　　你对蔡铭超的行为有什么看法？请据此写一篇文章。

　　要求：①必须写议论文；②题目自拟；③立意自定；④所写内容必须与给定的材料相关；⑤不少于 800 字；⑥不得抄袭，不得套作。

　　此题的限定实际有三方面。首先是写作内容的限定，题干中明确说“你对蔡铭超的行为有什么看法？请据此写一篇文章”，句中的“此”，当然指的是对蔡铭超的行为的看法。因此评价蔡铭超的行为，提出观点，进而论证为何如此评价蔡铭超，该是本文的写作核心。如果仅把蔡铭超的行为当作一个例子，或在此基础上，荡开思路，谈诸如“如何爱国”“诚信的意义与价值”“尊重规则”等论题，就属于跑题了。其次是写作材料的限定。这个限定表现在考生可以使用题目之外的材料，可以援引其他人的事例来“助阵”。但需要明确的是，使用这些材料不是目的，将这些材料与蔡铭超类比、对比，才是写作的重点。因此，使用题外材料的时候，一定要注意与蔡铭超相连通，通过这些材料论证蔡铭超行为的合理性或荒谬性。最后是此文的文体限定，必须写议论文。

知晓了"限定"，再来把握题目的"开放"。此题开放在对蔡铭超行为的认识，可褒可贬。考生既可认为蔡铭超是民族英雄，在祖国需要的时候，挺身而出；亦可认为蔡铭超是规则的破坏者，这样做有损于国人形象。只要考生的认识相对合理，有较为充分的论证过程，便可判定为好文章。

[例2]

有一首歌唱道：

我有一双隐形的翅膀，

带我飞，给我希望。

我有一双隐形的翅膀，

带我飞，飞向远方。

请以"我有一双隐形的翅膀"作为题目，写一篇不少于800字的文章。除诗歌外，题材不限。

题目为了增强限定，设了三道关卡：我、隐形、翅膀。如若题目换为"翅膀",难度便降低许多。面对三重限定,考生需要三重把握。首先,依据引题,明确"翅膀"的本质意义,即推动我、帮助我、带我不断向前的一股力量。其次,是对"隐形"的把握,"隐形"强调不能直接用眼睛看见,不是明显摆放在外部世界的,而是源自心灵、精神的一种力量。最后,是"我"的限定,是"我"便不是"别人",即不能用别人的口吻作文,必须用第一人称展开。题目中就连"一双"也可算是个小小的限定,"一双"便不是"几双"。可惜,在实际的写作过程中,我们的一部分考生忽视了这一小小限定,写成了"几双"翅膀。我们在把握"限定"的同时,也在洞悉"开放",也会觉得写作的范围无限宽广。"我"既可是真实的自己,也可是"别人"(只要用第一人称展开便可)。写作的核心是展现或表达一种源自心灵、精神的力量对人的推动就可以了。

不明"限定",又如何知晓"开放"呢?因此,帮助考生快速并有效把握题目的"限定",进而知晓"开放",是备考的一个关键。

二、角度

一位成熟的考生,面对一道作文题,应该掌控行文"角度"。角度是立意的核心，角度混乱，立意便混乱。

[　1]

　　兔子是历届小动物运动会的短跑冠军，可是它不会游泳。一、　兔子被狼追到河边，差点被抓住。动物管理局为了小动物的　面发展，将小兔子送进游泳培训班，同班的还有小狗、小龟和　松鼠等。小狗、小龟学会游泳，又多了一种本领，心里很高：　小兔子和小松鼠花了好长时间都没学会，很苦恼。培训班老　野鸭说："我两条腿都能游，你们四条腿还不能游？成功的90　来自汗水。加油！呷呷！"

　　评论　蛙大发感慨："兔子擅长的是奔跑！为什么只是针对弱点训　而不发展特长呢？"思想家仙鹤说："生存需要的本领不止一　！兔子学不了游泳就学打洞，松鼠学不了游泳就学爬树嘛。

　　要求选准　度，明确立意，自选文体，自拟标题；不要脱离材料内容及　的范围作文，不要套作，不得抄袭。

　　题目中材料　心事件是小兔子学游泳失败。立意的角度可分为两大类：　角度与整合角度。其中，基本角度有5个。①施教者野　有时成功并不取决于汗水，盲目努力不能成功，要依据个性去取得成功，片面强调后天努力，不能给受教育者准确定位。②评论家青蛙：该扬长避短，侧重发展长处。③思想家仙鹤：应该侧重开掘自身潜能，多方面发展，不必执着于拔高短处。④批判教育管理部门动物管理局：忽视受教育者的个性特征，盲目推动全面发展。⑤受教育者小兔子：要扬长避短，有自知之明，了解自己的局限和特长，选择适合自己的发展方向，学有专长。整合角度有 2 个。①动物管理局与青蛙、仙鹤整合——教育规划者：处理好全面发展与发挥个性特长的辩证关系，既发挥特长，也能恰当弥补缺漏。②动物管理局与野鸭整合——教育者：应该因材施教，发现学生特长，从实际出发，正确对待学生的个性差异。

选准角度，才可准确立意；立意准确，文章才可脱颖而出。不仅分析题目、确立题旨，需要把握"角度"，具体到写作过程中，择取恰切的表现角度，也很重要。上例是 2009 年高考全国卷Ⅰ作文题目。一位考生论证的题旨是"扬长避短"，在这个题旨下，他巧妙地选择了苏洵教子这一角度，写成《告子书》。文内，苏洵分析二子的性格优长与短处，谆谆告诫二子该扬长避短。此文角度新颖，获得了高分。

角度可以很好地考查一位考生思维的敏锐度与精确度，因此，高考作文题目、高考写作都会关涉角度，是必然的。

度"。角度是立意的核心，角度混乱，立意便混乱。

[例1]

　　兔子是历届小动物运动会的短跑冠军，可是它不会游泳。一次，兔子被狼追到河边，差点被抓住。动物管理局为了小动物的全面发展，将小兔子送进游泳培训班，同班的还有小狗、小龟和小松鼠等。小狗、小龟学会游泳，又多了一种本领，心里很高兴；小兔子和小松鼠花了好长时间都没学会，很苦恼。培训班教练野鸭说："我两条腿都能游，你们四条腿还不能游？成功的90％来自汗水。加油！呷呷！"

　　评论家青蛙大发感慨："兔子擅长的是奔跑！为什么只是针对弱点训练而不发展特长呢？"思想家仙鹤说："生存需要的本领不止一种呀！兔子学不了游泳就学打洞，松鼠学不了游泳就学爬树嘛。"

　　要求选准角度，明确立意，自选文体，自拟标题；不要脱离材料内容及含义的范围作文，不要套作，不得抄袭。

　　题目中材料的核心事件是小兔子学游泳失败。立意的角度可分为两大类：基本角度与整合角度。其中，基本角度有5个。①施教者野鸭：有时成功并不取决于汗水，盲目努力不能

成功，要依据个性去取得成功，片面强调后天努力，不能给受教育者准确定位。②评论家青蛙：该扬长避短，侧重发展长处。③思想家仙鹤：应该侧重开掘自身潜能，多方面发展，不必执着于拔高短处。④批判教育管理部门动物管理局：忽视受教育者的个性特征，盲目推动全面发展。⑤受教育者小兔子：要扬长避短，有自知之明，了解自己的局限和特长，选择适合自己的发展方向，学有专长。整合角度有 2 个。①动物管理局与青蛙、仙鹤整合——教育规划者：处理好全面发展与发挥个性特长的辩证关系，既发挥特长，也能恰当弥补缺漏。②动物管理局与野鸭整合——教育者：应该因材施教，发现学生特长，从实际出发，正确对待学生的个性差异。

选准角度，才可准确立意；立意准确，文章才可脱颖而出。不仅分析题目、确立题旨，需要把握"角度"，具体到写作过程中，择取恰切的表现角度，也很重要。上例是 2009 年高考全国卷Ⅰ作文题目。一位考生论证的题旨是"扬长避短"，在这个题旨下，他巧妙地选择了苏洵教子这一角度，写成《告子书》。文内，苏洵分析二子的性格优长与短处，谆谆告诫二子该扬长避短。此文角度新颖，获得了高分。

角度可以很好地考查一位考生思维的敏锐度与精确度，因此，高考作文题目、高考写作都会关涉角度，是必然的。

明事理，抒发情感，这样可以让文章生动隽永，情意绵长。

深刻的知性与丰富的感性，其实一直是高考命题与写作追求的目标之一，因此，引导考生关注并运用"形象"，是高考作文备考的应有之义。

四、社会

引导考生关注民生疾苦，关注社会问题，关注国家命运，一直是高考命题的追求。我们不希望学生躲在狭小的自我世界内，无病呻吟，吟花弄月，对影垂泪。我们希望学生心系天下，指点江山，肩负责任；我们希望他们眼前有浩浩苍生，笔端有国际视野。为此，高考作文命题做出了积极努力。如：高考作文命题曾引导学生评价"明星代言广告"有无责任，到底责任在谁；引导学生评价"蔡铭超流拍事件"，蔡铭超到底是民族英雄，还是国际规则的亵渎者；引导学生思考"90后"的优缺点；引导学生思考"一个人乐意去探索陌生世界，仅仅是因为好奇心吗？"。这些都是众说纷纭的社会热点问题。高考题目在设置的时候，保持了充分的开放性，允许并鼓励学生各抒己见，见仁见智。这样的命题，有利于选拔出那些有社会责任感、有思想深度、有独立见解的优秀考生。

在平时的写作训练中，要引导学生将笔锋探入当今社会中去，关心普通大众，关心社会状况，关心国家前途，关心世界局势。2009 年高考福建卷作文题目为"这也是一种＿＿＿＿"。一位考生在题为《这也是一种承诺》的作文中，就"5·12"汶川地震中被热议的一个事件，发表了自己的见解。地震发生后，吴加芳因用摩托车将亡妻带回家而广为人知，被国人称赞情深义重。又因其在妻子去世半年后便再婚，而被网友责骂。这位考生就此事坦诚地发表了自己的见解：让灾区人民重新过上正常生活，不仅是政府的责任，也是普通民众的义务。另一位考生在《这也是一种问题》一文中，从三鹿奶粉享受国家免检谈起，指出没有问题也是一种问题。文章结尾写道："今日，国家取消了食品类免检制度。我仿佛听见了一声叹息，哀怨而悠长，令人动容……"笔触深沉，感情凝重，让人警醒。这样的考场作文，有感而发，言之有据，是上乘之作。

限定、角度、形象、社会，是高考备考的四个关键词；明晓限定，把握角度，运用形象，关注社会，是突破高考作文重难点的四把关键性钥匙。

只要我们心中有数，笔底必然生辉。

作文教学：给学生以空间，还要给学生以翅膀

一、给学生以空间

作文教学中，要鼓励学生自由地表达、有个性地表达、有创意地表达，尽可能减少对写作的束缚，为学生提供广阔的写作空间。新课标的作文要求更加人性化，也更加个性化，为学生的自由表达与充分发展提供了广阔的空间。有才情就去自由地表现吧，有感受就去尽情地张扬吧！在这样的指导思想下，学生潜在的创造能力与写作能力，才能从束缚与钳制的冰层下汩汩涌动出来，汇成壮阔的江海。束缚减少了，学生就不必再花许多时间小心翼翼、满腹狐疑地揣摩命题者的思路，写作的过程不再是一个迎合讨巧的过程，学生将会把更多的注意力集中在语言运用与情感表达上。作文是语言的艺术，是情感的自

然挥洒与倾泻。在一个健康、合理、流畅的写作过程中，语言运用与情感表达应该处于较为亢奋与活跃的态势。新课标作文，实际上为这种态势的形成提供了充足的条件，为这种态势的显现与强化提供了前所未有的广阔空间。

二、给学生以翅膀

然而，仅仅让学生在写作中拥有绝对的选择权，写自己想写的内容，选用自己喜欢的表达方式，给学生以广阔的写作空间，学生的心灵在许多时候却仍然并不能飞翔。有着一定教学经验的老师或许遇到过这样的情景：即便你将写作完全放开了，相当一部分学生还是会抱怨没有什么值得写的内容。太阳升起然后落下，每天像钟摆般往返于学校与家庭间，生活没有起伏没有新奇也没有紧张刺激怎么写？写出来自己都觉得没有意思。选择自己喜欢的表达方式，可自己原本就没有喜欢的，怎么办？写出来多费力啊，为什么不能随便聊出来，随着流行音乐唱出来？这些问题的根本解决依赖于学生语言素养的不断提高。语言素养是个系统性概念，它不仅包含写作的方法与技巧，还包含着文字带给人的那份独特的情味与意趣。学生缺失了必要的语言素养，就像一只鸟失去了翅膀，尽管蓝天浩瀚广阔，可鸟儿也只好在原地徘徊哀鸣。如何培养学生必要的语言素养？结合自己的教学实践，我以为当注意以下几个环节。

1. 教师要积极主动地追求自己的教学语言

一节课在某种意义上讲就是教师运用语言的过程。教师不能奢求自己的学生每天每节课在干瘪枯燥、苍白乏味的语言环境中，写出优美流畅的文章来。语言是非常讲究熏陶与濡染的。如果一个教师的教学语言准确而又形象，丰富并且优美，那么他的学生便会把语言的追求当作一项非常自觉的事情，有意识地去模仿，有意识地去表达。学生的语言素养就会在这种潜移默化之中获得极大提高。

请看这样一个教学片段：

> 对同学们的畅所欲言，我大加赞扬，并加入他们的行列。谈一段亲身经历。那是在"七七"事变后，日本侵略者的铁蹄长驱直入，家乡危在旦夕，小学即将解散。一天下午，音乐老师教我们唱《苏武牧羊》："苏武留胡节不辱，雪地又冰天，苦忍十九年……"尽管曲调温柔敦厚，节拍缓慢，但老师却教得那么激动。我们心中第一次闯进了"祖国""气节""亡国奴"这些大字眼，似乎一下子长大了许多。现在想来，中华民族到了最危险的时候，老师

用"心"在歌唱，唤起我们幼小心灵的觉醒。就像小弗朗士一样，这一课，我永远忘不了！

这是于漪老师在讲授《最后一课》时的一段精彩的教学语言。且不说事例得当、情景交融，单就遣词方面，于漪老师就十分讲究。"祖国""气节""亡国奴"这些大字眼对于一个不谙世事而又恰逢民族危亡关头的小学生而言，不就是"闯"进来的吗？一个"闯"字将一个小学生在特定环境下的心态充分地表现出来，这是生动的语言，这是浮雕式的语言。试想，濡染在这样的语言环境中，学生对语言的追求能不敏感吗？

大海气象万千，大海辉煌庄严，大海波澜壮阔，大海平和静谧……大海翻卷它的波涛，自遥远的蛮荒时代；大海吞吐日月，吸纳宇宙，直至天荒地老的未来。

大海潮起潮落，大海朝晖夕阴，它永久地陪伴着人类，它自始至终润泽安慰着人类。人与海，历史与海，相生相依，相辅相成……

这是我以高考作文《面对大海》为例，对学生进行写作思路拓展训练时的导入语。这段话旨在突出大海的特点，为学生勾连大海与人类、大海与历史间的关系，将学生茫然的思绪引向一个他们较为熟悉的领域。这节课上，学生思维活跃，对各国的"海文化"，对世界上著名的看"海"人、"海"式的巨人，对中国的海洋史，对蓝色文明与黄色文明的交融，进行了积极探讨，取得了很好的教学效果。正是由于我对教学语言不懈的追求，在2003年北京高考中，我所教的一个班，全班四十几人，出现了6个满分作文。

2. 引导学生品评语言，欣赏文字背后的志趣与意味

我们现在所使用的人教版语文教材，有许多篇章是文质兼美之作。在日常的教学中，要培养学生对语言的关注与敏感，要养成学生欣赏品评语言的习惯。文字不是徒具形式的东西，好的文字背后有着盎然的志趣与意味。由此写作也不仅仅是语言形式的问题，还涉及写作者有无情趣意味。下面我举几个自己课堂教学的实例，抛砖引玉，以做说明。括号中的文字是课堂教学语言。

①余既为此志，后五年，吾妻来归。时至轩中，从余问古事，或凭几学书。（笑问对答，凭几学书，目光流转，其情融融，其意洽洽）吾妻归宁，述诸小妹语曰："闻姊家有阁子，且何谓阁子也？"（夫妻日常笑语，更见情深）其后六年，吾妻死，室坏不修（室亦坏，心亦死）。其后二年，余久卧病无聊，乃使人复葺南阁子（无可排遣，复修葺，有深念之意），其制

稍异于前（想来久悲，不愿如此，稍解思念的痛苦，故其制稍异于前）。然自后余多在外，不常居（漂泊不定，愈念亡妻，故逼出下句）。

　　庭有枇杷树，吾妻死之年所手植也，今已亭亭如盖矣（含不尽感念之意，对亡妻的情感亦亭亭如盖）。

（归有光《项脊轩志》）

　　②我有时谈到人会怎样的骗人，怎样的卖友，怎样的吮血，他就前额亮晶晶（先生的话与自己心中固有的东西剧烈地碰撞，这种碰撞自心中一直翻涌至脸上，故而"亮晶晶"，淳厚之态愈显）的，惊疑（惊，闻所未闻，见所未见。疑，这是令人敬重的师长的由衷之语，不能不信，可自己内心却仍是难以相信，故疑）地圆睁了近视的眼睛（"惊""疑"都太大了，撑破了整个心胸，心里装不下，就用圆睁了的眼睛去装；再写淳厚之态），抗议（不言"争辩"，而说"抗议"。"争辩"犹有商量探讨的余地，"抗议"是非已明，对错已清，可见不认同程度之深）道，"会这样的么？——不至于此罢？……"

（鲁迅《为了忘却的记念》）

　　③举身赴清池……自挂东南枝。（"赴"字与"投""入"等字比较，明显含有义无反顾、从容不迫、主动追求之意，使用这个字更加充分地表现了刘兰芝对爱情的忠贞不渝。对

于焦仲卿的死，作者在这里没有使用"缢"，而用了"挂"，这与对刘兰芝"赴"的感情色彩是不同的。"赴"是赞美，是褒扬；"挂"是惋惜，是同情，是哀伤，是痛楚。在凄凉的秋风中，焦仲卿的尸身轻轻摇荡在树枝上，看了让人更加痛彻肝肠。）

（《孔雀东南飞》）

经过为期一两年的训练，学生对语言的敏感度就会普遍提升，学生的情感、志趣、意味乃至想象力都会得到协调发展。

3. 结合日常教学，设计语言小训练，将阅读与写作很好地结合

这样的语言小训练，短小精悍，便于操作，便于将学生的注意力集中到语言问题上来，当然也便于充分暴露学生运用语言的问题。这样的练习与日常的阅读教学可以有机结合，既可以以写促读，也可以以读促写。例如我在讲《滕王阁序》之前，就设计了这样一个语言训练题：

天朗气清的秋日促发着王勃初唐的襟怀，襟江带湖、地势显要的洪都府促发着王勃初唐的襟怀。开阔明丽的大自然促发着王勃初唐的襟怀，高朋满座、胜友如云的胜饯

促发着王勃初唐的襟怀。于是这位年轻的才子提起了一支笔，这是一支 _____ 的笔，这是一支 _____ 的笔，这是一支 _____ 的笔，这是一支 _____ 的笔……

（参考答案：这是一支气血翻涌的笔，这是一支气象万千的笔，这是一支吞吐天地的笔，这是一支钟灵毓秀的笔，这是一支幻化无穷的笔，这是一支让滕王阁至今都瞠目结舌的笔，这是一支让整部文学史都变得灵动通透的笔……）

这样的一个语言训练题，极大地激发了学生对王勃与《滕王阁序》的关注，他们课堂上积极与老师交流，课下还查阅了大量的资料，文章学好了，语言的素养也提高了。

当然，这样的小练习也可设计在阅读完成之后，这样可以以读促写。郁达夫《故都的秋》为了突出北国故都秋天的特征，常常将北国之秋与南国的秋天进行对比。对比，不仅丰富了文章的内容，而且起到非常好的表达效果。文章学完后，要求学生仔细研读有关段落后，模仿课文，从熟悉的生活中选取属性相似的两样或几样事物进行比较，通过比较，突出其中一样事物的特征（例如都市的夜与山村的夜对比，突出山村夜晚独有的魅力）。通过这样的一些小练习，读与写就可以和谐地共同发展。

4. 由课内向课外形成良好的辐射，鼓励学生多读书

在课内的读写中，教师将学生的创造力诱导出来，从而使学生体味了乐趣，获得了敞亮，身心倍感愉悦，课堂教学的生命潜力便得到了开发。学生在课堂上获得了令人愉悦的生命体验，教师再因势利导，便会形成由课内向课外良好的阅读与创作辐射。课外的泛读加强了，又会促进课内的精读：课内教学与课外读写形成一个相互促进相互协调良好的循环过程。这样的循环过程既是一个个学习过程，又是一个个生命过程。

5. 鼓励学生富有个性的表达

写作是个性化的行为，唯其个性化写作才具有了无穷的魅力。平常要鼓励学生富有个性的表达，要让学生找到自己的语言突破口，要说出自己心里的话。例如，学生初一的时候，我曾设计过这样一个题目：

> 以"爱心"为陈述对象，仿照下面的句式，续写两个恰当的比喻句，使之构成一组排比句。两个比喻句最好要有些关联，要富有个性。
>
> 爱心是一片照射在冬日的阳光，使贫病交迫的人感到

人间的温暖；爱心是＿＿＿＿＿＿＿＿＿＿＿＿；爱心是

＿＿＿＿＿＿＿＿＿＿＿＿＿＿。

在教师积极的鼓励与引导下，学生创作的闸门被打开了，文字像清澈的泉水般涌动而出。

[学生习作]（加"☆"的部分是教师鼓励性的评语）

①爱心是一支驻足在白雪中的红梅，使清冷的心灵吐出温暖的火焰；爱心是一只跳动在树枝间的喜鹊，使单调的生活漾出了灵动的喜悦。

☆你的心灵是一缕风，让我们枯寂的感受绿汪汪的。

②爱心是一支捧在骄阳里的冰激凌，使烦躁溽热的人倍感生活的清爽与甘甜；爱心是一杯留香在唇边的咖啡，使满身疲倦的人体味到生活的舒适与悠闲；爱心是童年时一包揣在口袋里的"酸三色"，使迷惘失意的人重获快乐的质朴与纯真。

☆你生活的行囊鼓鼓囊囊的，你一定是沿着一条别有趣味的小路走到今天来的，我们感受到你满身的花香、鸟语以及你的顽皮。

③爱心是旭日初升时轻轻掀动窗帘的晨风，使度过漫漫长夜的人整装待发，迎接挑战；爱心是夕阳西下时徐徐

掠过落霞的晚风，使奔波忙碌的人丢弃疲惫，享受生活。爱心是消融地冻天寒的春风，使理想破灭的人重新鼓起追求的勇气；爱心是拂去躁动溽热的秋风，使烦闷忧郁的人重新找回心灵的宁静。

☆你对生活有真爱，你对人有真爱。你奇巧的构思自你质朴的心脉中泻出……

④爱心是一簇曼舞在春日的紫丁香，使消沉的人感受到生活的美好；爱心是一池飘香在炎夏的白莲，使烦躁的人获得清爽的慰抚；爱心是一丛摇曳在秋风中的金菊，使忧郁的人得到心灵的绽放；爱心是一树怒放在隆冬的红梅，使疲倦的人找到坚持的力量。

☆清新的是你，是望月的花，是推窗的蝶；浅浅的是你，是几丝流云，是一条蜿蜒的小径。

⑤爱心是绛珠仙子柔情的眼泪，使飘散的落花获得了高洁的品质；爱心是美人鱼的香魂化成的漂浮于广阔大海上纯情的泡沫，使一代代读者流着亘古的热泪；爱心是托尔斯泰案头的那支笔，使无数苦闷无助的灵魂得到了真切的关注。

☆你的品质是一支横逸而出的梅花，坚贞而馥郁；你的笔一直在向前探触着，有时我已可以嗅到天空的颜色了。

⑥爱心是一缕流露真情的目光，使遭受挫折的人获得前行的力量；爱心是一束闪耀在寒夜的灯光，使求索奋进的人燃起不灭的希望；爱心是一簇闪烁在天宇中的星光，使处境窘迫的人看到奋争的光亮。

☆目光、灯光、星光将映衬着你的才华，随你一同闪光。

⑦爱心是一把遮挡暴雨的伞，使爱断情伤的人找回生命的希望；爱心是一双助人行走的拐杖，使失败沮丧的人充满振作的力量；爱心是花朵中溢出的一抹嫣红，使冷漠麻木的人燃起生活的希望；爱心是大海上翻卷着的一道蔚蓝，使悲观失望的人张开飞扬的翅膀。

☆难忘你啊！你的才情经了勤奋，经了锻打，一定会变得雍容而且开阔的。

⑧爱心是一汪泼在湖中的绿色，使饱受摧残的人得到生命的抚慰；爱心是一方映衬在晴空下的蓝色，使抑郁烦躁的人看到生活的宽广。

☆你本身就是一道色彩，光彩夺目，绚烂动人。

三、给学生以空间，还要给学生以翅膀

综上所述，一方面我们要为学生创设广阔的写作空间，将文体、表达方式、主旨等写作要素的选择权全方位交给学生；另一方面我们也要注意养成学生的语言素养。释放写作空间固然重要，但学生如果没有翱翔的翅膀，这个空间即使再为广阔，学生也不会"扶摇直上九万里"，我们梦寐以求的那种奋翼千里精骛八极的理想的写作状态也终不会降临。相反，给学生万里云天，又给予学生一对奋飞的翅膀，恐怕想把学生"留"在地面上也"留"不住了。他们会感受，他们会捕捉，他们会点染，他们会幻化，他们锦心绣口，他们涉笔成趣……在新课标的指引下，学生自由作文的新状态便真正开启了。

在改变"人"的过程中，改变"文"
——谈谈高考作文有效训练的六个环节

怎样使作文训练效果显著，这是师生迫切希求正解的问题。首先，一个原则是大家都知晓的：想实现作文水平提升，教师不能一味自我作为，学生应做的功课谁也无法代替。其次，在实际的作文训练过程中，师生往往简单地在作文数量上求效果，以多为胜。这往往造成教师既忙且倦，学生则不明就里穷于应对。在此过程中，很多同学的写作意识实际上一直处于浑噩麻痹的状态。由此引发的现状是尽管作文训练的总体次数不少，每次作文教师都尽最大的努力，但学生写作状况的改善仍不理想。

从学生层面考虑，应该明确要求学生把握六个环节，唤醒学生蒙昧混沌的写作意识。在改变"人"的过程中，改变

"文"。学生的写作意识一旦被唤醒，在"人"的不断发展中，师生教学相长，弯弓搭箭，射马擒王，方可收全胜之功。

一、度人量己

在每次作文前，要求学生养成"度人量己"的习惯。"度人"，便是预估别人拿到作文题目会怎样"出招"，有哪些惯常的做法和套路性的语言。"量己"便是进一步明确自己所占有的材料，自己擅长的表达方式，以及如何为自己的作文创设亮点，等等。度人、量己，相互作用，相互影响，既是作文实现有效突破最基础的一步，也是至为关键的一步。"惟陈言之务去"；己所短，避之，己所长，扬之；寻找新的切入点与突破口；选择恰当的文体与表现形式；把握材料与己相适的角度：这些都需在度人量己的基础上展开。每一题下，必有许多庸常的写法缠结笔端；考生作文之败，首先便败在缺乏度人量己的意识，败在提笔就写。度人量己，才是一支轻骑兵，冲开庸常的挟制，直捣黄龙。可以肯定地说，出色的文章往往是在"度人"与"量己"相互作用下产生的。"度人"是"回避庸常"，"量己"是"成就个性"。基本的做法是：将自己的写作构思高度概括，逐一列出，然后提取整合，使之竞争上岗。这样做，每个人的作文都会在原有的基础上，得以提升。

2010 年高考北京卷作文题目是"仰望星空与脚踏实地"。面对这个题目，我的学生贺亦敏写的是"黄土高原"。她从小生活在这片土地上，小学时才来到北京，她对家乡充满真挚的感情。她选择独特的生命体验入题，自然是在度人量己的基础上完成的。结果这篇文章出类拔萃，获得了很高的评价。

这一方土地处在雄鸡的脊梁，却时时承受着来自风雨的最残忍的侵蚀。再也找不到一片土地，能让人如此心疼。……当路遥拿起手中那支伴随自己多年的笔并放眼窗外时，他从那星空里看到了黄土地的希望。他把对那土地全部的爱倾注在笔尖。黄土地也要挣脱苦难的束缚，向星空放歌！在那些响着唢呐的夜晚，多少黄土地上的人就那样默默地躺在土地母亲的怀抱里，仰望星空。

…………

仰望星空，使陕北人生命润泽；而脚踏实地，使陕北这块土地愈加火热，愈加醉人。

二、倾尽全力

每写一篇作文，学生应倾尽全力，向同学、老师展现自己的最高水平。对文章题旨的分析与把握要倾尽全力，对材料的占有与运用要倾尽全力，对文章结构的设计与安排要倾尽全力，对写作语言的斟酌与驾驭要倾尽全力……在学生倾尽全力完成作文的过程中，他们身上的一些作文顽疾才能渐渐得到自然消除，而非单单靠老师去"批"去"讲"。潦草应对、得过且过，是滋生文病的温床。写作不同于一般的作业，"做完"并不意味着"达成"，"写"与"写"的区别是很大的。

作文训练的题目设计、训练程序的合理规划、对学生作文的认真批改固然重要，但面对题目，充分调动每位学生的创作热情与能量则更为关键。写作中许多重要的理念与方法、准则与技巧、感喟与思考，实际上是学生在倾尽全力、个人充分调动的过程中才能真切且深入地体会到的。

在作文训练中，为了能够让学生倾尽全力，教师可以将一部分作文的创作周期适当延长。写作是一项在实践中养成的能力，学生在倾尽全力创作时收获的，往往正是教师多次讲析都收效甚微的那些内容。教师可以要求学生在每篇作文的文后，写一点"写后记"。"写后记"主要陈述自己为文用功着力的状态、自己的提升与改变、这次作文渴求的亮点、自己期待的分数等内容。

　　"预期"是"尽力"的发动机。许多学生的作文状态长期平平，一个原因便是没有预期。高考考场作文之较，实际上便是平时作文达到"最佳状态"的量与质的较量；平时作文有效质量高，高考考场作文自会脱颖而出。

　　2009年高考湖北卷的作文题目是"站在_____门口"。一篇高考满分作文《站在黄花岗陵园的门口》，引起了大家的关注。此篇能得满分主要得益于两点。其一，全文由文言小序、古体长诗、文言后记构成，以文言成文，多数考生很难做到。文前小序中"会天大雪"的"会"，意为恰巧、恰逢，文言词语使用十分准确。"余滞于广州"中的"滞"，亦准确地表达出作者本想走不料竟为大雪所阻的无奈心情。"滞"，颇见功力。"百感并至"中的"并"，写出了作者立于黄花岗墓前，诸般感慨一起涌上心头的复杂感受，言简意赅。文中"提携玉龙为国死""悲歌一曲从天落""白云片片魂悠悠"几句，能看出作者对经典古诗的借鉴与个性化改造。这一点，尤为了得。一部分同学也很想写文言文，但由于积累不扎实，或词不达意，徒为卖弄，或内容老旧，毫无生气，与此文相去甚远。其二，文章独特的、与众不同的内容，令人瞩目。黄花岗烈士墓，使此文感慨深沉，境界宏大，目光深远。能做到这两点，一定有赖于作者平时的着力打磨，作者若无平时的"倾尽全力"，考场上定"不能"也"不敢"如此而为。

三、探究深化

写作从来就是与"探究深化"并行并生的。文坛中许多"写家子"往往也是某个领域的研究专家。老舍精专于老北京，金庸精专于武侠，二月河精专于清朝皇帝，杨志军精专于藏獒……作文并非仅仅在"写"的过程中提升。作文的核心是"呈现"，"呈现"的核心是"价值"，而"价值"是在自我探究钻研、不断深化中"掘"出的。

在高中作文训练过程中，教师自当精心设计训练题目。这些题目应该与高考作文发展趋势贴近；同时，还应注意保持这些题目的深度广度，保持这些题目一定的思想文化含量。一个好的作文题目，其实为学生打开了一个丰富宽广、饶有趣味的探究领域。学生在这个专题里探究钻研，思考提炼，才能广泛积累写作素材，不断揣摩相关表达，不断深化自己的理解，不断丰富情感与完善思维。在这个过程中，学生往往可以炼出自己的"金"，形成个性化的语言、储备个性化的材料以及形成个性化的表达。促使学生围绕专题去探究深化，就是为考场作文准备一块块的"金"。"金"一旦炼成，便不会囿于一篇作文之中。"金"的炼成需要时日，需要资源，需要教师的指导与点拨，因此绝不可能在考场上速成。"金"炼在平时，"光"射于场内，这是高考作文备考很重要的一条规律。"金"炼得好，文便光焰万丈，异彩纷呈。

[2012年高考上海卷作文题目]

> 人们对自己心灵中闪过的微光，往往会将它舍弃，只因为这是自己的东西。而从天才的作品中，人们却认出了曾被自己舍弃的微光。

材料通过将"自己"与"天才"并举，说明我们每个人该珍爱自己心灵中闪过的"微光"。针对"微光"专题，可引导学生做以下整合归纳、探究深化的工作。我们的心灵中闪现过怎样的微光？它们具有怎样的价值？它们如何照亮我们的甚至别人的生命？从微光的角度思考，我们与天才有哪些差距？我们是如何在意（或忽视）这些微光的，从中收获了哪些启示？围绕这些问题，让学生回顾、打捞、提取、反思、加工、锤炼自己的"微光"，这是多么有意义的关于写作关乎生命的一件大事啊！钻研探究我们自身，反思提取我们自身，比照净化我们自身，炼出我们自己生命、思想里的"金"，在高考作文时就获得了战无不胜的"利器"！作为教师，将自我心灵中的微光显现出来，与学生相互映射，也是促成学生探究深化的重要方法。高三的时候，我经常将自己心头的"微光"闪出来与学生分享：

　　◇ 所谓的师生，不是我们一般意义上的"教过"，而是一起"体味过"，"怀想过"，"留恋过"，"动情过"，"活过"……

　　◇ 自我们始，建立一个优秀的家族！我们就是这个家族的始祖！我们的子孙将感谢我们，我们将在他们的心魂思想中得以永生！

　　◇ 对自我，对生活，日日的浑噩与无所用心（大量做题和狂上晚自习，甚至不断补课，有时恰是一种退到壳里的状态，是一种逃避），不仅流逝了笔底的瑰玮奇丽，更重要的是养成了一种心如止水式的活法与态度。而此种活法和态度恰恰最为可怕。

写作，不是一场卖弄，写作是一场净化。我们如果不能从简单狭隘的作文备考中挣脱出来，必将衍生这样一个公式：高考写作＝认字＋文化常识＋背＋内心真实而强烈厌烦地写作文＋感动中国＋对古人强拉硬拽＋蒙＋瞎编。

四、不厌其改

清代大诗人袁枚说得好："爱好由来落笔难，一诗千改始心安。阿婆还似初笄女，头未梳成不许看。"一位精于翰墨的老诗人"一诗千改"，这充分说明写作的"初始状态"与"最终呈现"之间有多么大的距离。"改"在锤炼语言的同时也锤炼着材料、思维、思想。百般锻打，几经淬火，学生对"写"的理解以及对文字的把控才能达到一定的程度。"改"可以改变学生许多。"改"，是作文突破的重要路径之一。作文突破的基本打法不外乎两种：多写、勤改。在多写、勤改不能兼顾的情况下，勤改更为重要。

忽视了"改"，甚至不能做到多次修改，学生的作文状态往往会原地踏步。文章是"高级"的表达，"改"就是在追求"高级"。不"改"只"写"，有时不过是在不停地生产劣质产品，是在简单乏味地重复自己。"知道"和"理解"其实是有着天渊之别的两回事，"改"是让学生由"知道"达及"理解"的一架天梯。"不厌其改"就是在修改文章的过程中，不断增强学生对"写"的理解，不断增强学生对自己、对世界的理解。

五、内化积淀

从"量己度人"开始，便进入了写作状态。从写作初步完成到不厌其烦地修改，这是一个通过对专题内容不断探究钻研而将写作逐步深入完善的过程，这种探究深化既包括技法语言方面的，也包括内容思想方面的。这样的过程往往要由此及彼反复几次，因此这也是一个动态往复的过程。在这样一个动态往复的过程中，学生需要将"改进的内容"不断地内化积淀；特别是对最后定稿的内容，要力求完全消化。此种内化积淀主要针对的是这三方面内容：

①相关专题的知识积累与个性化理解。

②相关专题的语言表达支持。

③相关专题与作文要求题旨相互沟通对接的能力与技巧。

我们平时在写作训练中对这一过程的把握，往往不是动态的而是静态的，往往不是往复的而是单一指向的，学生更是忽略了在这一过程中内化积淀。这是我们写作训练低效的一个主要原因。

与己相合，融会贯通，积淀心中，为我所用，写作便不仅是一个"完成"的过程，更是一个不断"学习"、不断"增长"

的过程，每写一篇都在超越前作。写作不可重复，因为每次面对的都是崭新的题目，每个题目都有不同的表达需要；写作又是可重复的，无论是就核心的写作技巧而言，还是就核心的写作内容而言。鲁迅在杂文上重复，沈从文在湘西上重复，冰心在爱心上重复……大作家如是，我们的学生亦如是。内化积淀是重复的前提与资本。

我的学生袁林就是这样一位深谙内化积淀之妙的优秀学生。高三开学的时候，他曾写过一篇《遭遇两难》的文章：

> 我在意境深远的茶与快节奏的可乐咖啡之间，遭遇了两难。
>
> 遭遇两难，我的态度是不排斥外来的以咖啡为代表的西方文化，但对自身文化也要给予足够多的重视，并使之发扬光大。
>
> 现如今，我也会偶尔喝一喝咖啡，但在我心中，茶的地位是不可取代的。（有删节）

茶与咖啡既很"敌对"，又很"统一"，是一对对立统一体。沿着这个思路想一些问题，会很有意思。比如我们进而深入探究：黄河与长江、北京与上海、油画与国画、塞北与江南、中医与西医、筷子与刀叉、唐诗与宋词、李白与杜甫、柳宗元与刘禹锡、进与退、僧与道、刀与剑等对立统一的关系，就会觉得思路大开，写作的素材也一下子多起来。

在如此内化积淀的基础上，在高考考场上，面对"仰望星空与脚踏实地"的作文题目，袁林凝思运笔，心思转动，他写道：

> 仰望星空的北大学子与脚踏实地的清华学子是中华英才的代表，他们之间既有相同点，又存在着互补。北大胜清华一丝灵动、一分锐气，却输了一丝洒脱、一份雅致。但无论是仰望星空的北大，还是脚踏实地的清华，都饱含了士人对天下的那份大爱与担当。俯仰之间，是对天下人的感怀与诺言。

> 北大与清华所代表的精神，终将汇在一起，为中华民族注入血液，带来希望。（有删节）

此篇考场满分之作，出类拔萃，为人瞩目。

六、有效重复

高考作文理想的写作时长在 50 分钟左右。在这么短的时间内，开掘、构思、立意、选材……完成一篇文质兼美的文章，若不能有效重复自己，是很难获取高分的。

有效重复自己必须处理好"变"与"不变"的关系。一般而言，一篇考场作文变的往往是材料的角度、语言的风格、题旨的侧重、内容的详略、节奏的快慢等；一篇考场作文不变的往往是擅长的文体、表现的技巧、谈论的领域、写作最核心的材料等。

一篇高考作文，只有充分利用其"不变"，全力以赴地思考把握其"变"，才能高效高质地完成。面对题目，一切皆"变"，不懂有效重复自己，很容易在手忙脚乱、穷于应对中顾此失彼，造成写作失利，与理想的高分擦肩而过。

有效重复自己，是与机械重复自己相对而言的。有效重复自己，是在灵活机变地处理了"变"与"不变"的关系后产生的。有效重复自己，不是投机耍滑，更非套作抄袭。它建立的基础是学生认真的写作与积累，生命的不断丰富与深化。在临场短暂的时间内，一位优秀的考生要依据具体题目，准确地判断出"变"与"不变"的具体内容。这个判断流畅准确，那才能有效重复自己。有的学生，一模成功地写了什么，二模不顾具体写作要求，也要写类似内容，这是非常危险的机械重复自己，在备考的写作意识中是一定要剔除的。

综上所述，六个环节的基本关系如下图所示。在写作训练中，帮学生指出方向、明确方法、唤醒意识，对学生作文的有效提升，具有重要意义。我们应该在改变"人"的过程中，改变"文"。

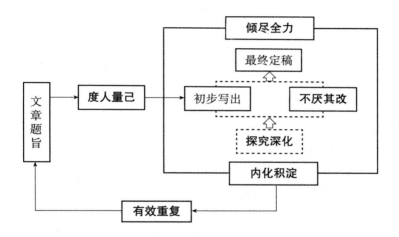

高考作文备考中的"功"与"式"

　　《红楼梦》第 28 回中,宝玉等一干人吃酒。宝玉道:"如此滥饮,易醉而无味。""如今要说悲、愁、喜、乐四字,却要说出女儿来……"曹雪芹是写人的高手,依据席间五人不同的地位、身份、性情以及学识,分别撰写出五篇唱词来。宝玉是多情公子,其唱词婉丽缠绵;云儿是妓女,唱词悲苦而又放浪;薛蟠性情低俗,不学无术,其词不仅上下难以成句,活生生是"憋"出来的,而且粗鄙不堪,难以入耳。

　　联系我们高考作文备考的状况,这则故事给我们的启示起码有两点。其一,就薛蟠的"写作状况"来看,"女儿悲,嫁了个男人是乌龟",其词虽不雅,却也是有"式"的,他符合宝玉老师制定的"如今要说悲、愁、喜、乐四字,却要说出女儿来"的写作体式。只是由于他功力太差,所以写出的唱词才难以入耳。其二，"人"不同，文章便不同，改变写作状况最重要的一点恐怕应该是去"改变人"；而真正改变人的是"功"，而非一味"式"的操作。"式"是有"功"之人想出来、自然做出来的。

少林寺的武功修行也值得我们去借鉴。一位小和尚开始学武功，师父并不急于传授他"黑虎掏心"，而是让他用尖形底的特殊木桶去挑水。终于有一天，小和尚可以不费气力地做到这一点了，他的"功"的修为才告一段落。这时他的一式"黑虎掏心"便再也不会平平打出，定然威力无穷。我们自古就有"练武不练功，到老一场空"的谚语，这话在作文备考中让我们深思。

回顾我们高考作文备考，练"式"的远远多过练"功"的。在浮躁的心态下，学生与老师都渴望速成。大家迫切地希望有万法之法的诞生，一旦知晓此法，稍加演练，功力大增，便可以不变应万变，潇洒地行走江湖了。所以，在高考作文的备考中充斥着大量的"式"。如"获取高分十大技法"，如"结构创新招数之镜头剪接法"，如"先声夺人法——由优美的排比句式入题"……诸般妙法，不一而足。这就是我们高考作文备考之现状。这些"式"涉及文体、句式、结构、点题等方方面面的实际操作，可谓全备。殊不知，在此之中，至少有三个问题恐怕我们还没有完全想清楚。

其一，"式"易成，"功"难就。就是诸生即便做到了宝玉老师苦心设计的"式"，全篇分"悲、愁、喜、乐"四个部分，四个部分皆联系"女儿"写来，恐怕最后呈现出的写作效果也差距甚大吧。

其二，"功"是"式"的根基，"式"是"功"的挥洒。诚然，"式"的训练是需要的，但无"功"的"式"不过是花拳绣腿，架子货而已。一只小蚊子无论将"式"练到如何精妙的程度，恐怕也难以将一头大象击倒。没有"功"的修为，无论怎样将排比句应用到文首，恐怕也难以给人留下深刻的印象。更有甚者，拉起排比的气势吓人，实际上却空洞无物，那样的做法更是不足取。说得绝对一点，有"功"无"式"，亦可是佳作；有"式"无"功"，则只能害人。鲁迅先生言"有真意，去粉饰，少做作，勿卖弄"，阐发的正是此间的道理。

其三，"功""式"并举，文质兼美。写作是有规律可言的，存在着一定的写作方法。针对考场作文，也确实存在着一些普遍可行的作文技能、技法。在高考作文的备考过程中，应该"功""式"并举。练"式"，更要练"功"。即便仅从写作的实际效果而言，这恐怕也是一条必由之路。更何况一篇文章，显现出来的不仅是一个学生的语言运用能力，更为深层的，是辉映出一位作者的生命质地。写作教育，真实的意义，是条理、激活、鲜润、构建学生的内部世界。我们练"式"，为的是可以让我们生命中的"功"更有理性更有节制地、源源不断地、更加符合写作规律地、卓有成效地发挥出来。"功"是浩荡的江水，"式"便是导引疏浚的沟渠。"一水护田将绿绕"，便是功式并举的佳境。

我们所言的"功"，是努力构建学生朗润活泼的生命状态，是与学生不断地达成一些重要的生命共识与写作共识，是改变学生"活法"的同时改变学生的"写法"。

一、情系万物，养有深情，带着真挚丰沛的情感去感知理解世界

在泛着光晕的洁白瓷片贴的台阶上发现一只绿色的纤细虫尸。对于死亡，我向来不知所措。于是站在一边，默默注视了良久。任何生命的垂死挣扎都不可小觑。植物尚且有思想。这一厘米半的小身躯里大概也藏着什么不为人知的缥缈情绪。我想，之所以选择了这样的时间和地点，它总有想要捍卫的东西，可以用生命来捍卫的东西。不如

猜测那便是夏天的风和日落。任何渺小生物一旦有了自心底产生的能够用生命捍卫的东西，那么，便不能不对它肃然起敬。所以，它在发光。这种亮闪闪的不起眼的美丽需要静下心来，细细玩味。蓦然想起来《国殇》里的一句话：严杀尽兮弃原野。

这是学生以"美"为题所写的一篇文章。作者从一具虫尸入笔，体味到了生命的庄严。难能可贵的是她能用自己的细腻情感真挚地去体察外物；她超越了一个小姑娘的"狭隘"，将自己的情感投入到一只小虫身上，从而迸发出了对生命内在价值深度的欣赏与崇仰。这等情感是学生作文中少有的。这篇文章与当前高考作文中"古人满天飞"却无真情实感的文风形成了明显的对比。不是"古人"不可写，许多学生缺乏的是对古人生命状态的真切体认，仅仅将其作为自己文章花哨的摆设。这篇文章没有堆叠词句，但真挚丰沛的情感冲漾其中，让人震动。情感的真挚难得，其实丰沛更不易。许多学生跳不出小男生、小女生那种狭隘抒写感情的哀伤圈子，在一定程度上，他们的感情也很真挚，但却难以丰沛。丰沛是要在超越自我窄瘪怜伤的感情范畴、自我不断成熟的基础上获得的。

二、生活的汁浆丰富，新鲜地活着，体察生活，发现生活

纵观现今的高考作文，不少学生似乎已经失去了体察生活的能力。学生的写作追求的似乎只是花谢云扬、归雁孤鸿式的辞采的艳美。他们躲进华彩丽句中，只注重形式上的简单因袭与刻意雕琢，甚至不考虑这些句子究竟是否可以达意。他们常常胡乱拎起那些古人，囫囵吞枣、干瘪枯涩、人云亦云、似是而非、机械含混地去证明自己文内的观点。孔子、屈原、司马迁、王昭君、诸葛亮、李白、苏轼、李清照等历史文化名人大量地不断地出现在各位考生的作文中。先不说这些历史文化名人大都被抽去了血肉，面目呆滞，只做简单陈列，单就写作评分而言，如此千人一面，文章恐怕很难脱颖而出。其实，人的许多真切的情感与认识，发源于现实生活。能够真切地体察生活，我们的生命里就会不断涌现出新鲜的、感人的、振奋人心的内容，我们的生命状态也会因此而鲜润丰厚。在"人"美好而丰富地发展的过程中，"内容"便会排闼而来。教师应鼓励并强调学生在对真实生活的体认中，显现独特的生命力量。

　　小时候，爸爸每天骑车带我上下学。上学路上我们天天都经过一条铁轨。那时，我总眼巴巴地望着那高高挑起的栏杆，希望有一天能看到它落下来，看看火车开过的样子。但是那栏杆总是竖着站着。终于，有一天，我们被拦住了！我特别高兴，就喊："爸爸，往前推！"爸爸回答："好！"咔唧、咔唧……车厢一节节地掠过，大地仿佛也跟着震动起来。看，那等待的人群中，曾有一对父女。小女孩坐在车后座上，前后晃着身子。人群很拥挤，但爸爸很快地挤到了最前面。他一手抱起女孩，一手扶着车把。小女孩小手扒着栏杆，目不转睛地盯着驶来的火车，嘴巴张得圆圆的。夕阳静悄悄地撒落一片金纱，映出两人兴奋红润的脸庞。

　　永远无法忘记学生在与我交流这段文字时，兴奋而灼灼的目光。她说这事就发生在自己上小学的时候，火车和爸爸都融在了自己美好的生活记忆里。在琐碎而平冗的生活中发现美，抒写美，学生的灵慧会不断走向高处，学生的作文也会不断走向高处。其实这正是高分作文的力量。

　　课堂上，我诚挚地对同学说："在机械凡冗、琐碎芜杂的刻板现实中，愿我不失心灵的葱茏草色，精神的万丈原野，愿我能在平淡枯窘的现实枝条上绽出心魂的万瓣珠光，与诸君同赏!"我希望师生在对生活的真切体认中,共同发展。拥有了体察生活的能力,学生便会拥有永不枯竭的情怀,我们的高考作文也会水汽淋漓波光闪耀。

三、头脑开放,将思考越逼越深,拥有独具个性的学识,至关重要

我听过一节讲授舒婷《致橡树》的公开课。课上,教师是这样为学生导入的:

> 记得歌德说过一句话:"青年男子,哪一个不善钟情?妙龄女子,哪一个不善怀春?这是人性中的至圣至洁。"歌德的这句话,涉及人们生活中一个永恒的主题,也是文学作品中的永恒主题——爱情。爱情是一个严肃的话题,今天我们在《致橡树》的分析中,一起了解、鉴赏诗人是怎样借助诗歌的形式来表达爱情的。

这样的导入,自然很不错,但似乎还有些不过瘾。在讲《致橡树》的时候,我是这样导入的:

> 《诗经》用《蒹葭》问,王维用红豆问,刘郎用歌声问,李商隐用无题问,元稹用山问用水问用云雾来问,秦

观甚至从人间一直问到了银河！雨果用巴黎圣母院恒久的钟声问，莎翁用刻骨的世仇问……

人类用痴情问，人类用生命问，人类用亘古的追问去问，问：什么是伟大的爱情？

全诗学完后，我又做了这样的结语：

庞德（美国诗人）说：

我的爱人是深处的火焰，

躲藏在水底

——我的爱人快乐而善良

我的爱人不容易找到

就像水底的火焰。

风的手指

迎着她的手指

送来一个微弱的

快速的敬礼。

我的爱人快乐

而且善良

但是不容易

遇见。

就像水底的火焰

　　　不容易遇见。

　　人类用痴情找，人类用生命找，人类用亘古的追问去找，找：伟大的爱情，你在哪里？

　　之所以这样设计首尾，就是希望将整个学习过程设置为一个开放性的追问过程，促使学生进一步思考。学习不仅是为了理解，更应该在理解的基础上生成与创造。这一课希图学生在充分理解的基础上形成自己的见解，激发学生对爱情、独立、尊严的反躬自问与深层确认。学习是认同，是徘徊，是若有所思，是"撞"，是追问质问反问……高考作文期待学生说真话。学生说真话，并不难，难的是说有价值的真话。想说有价值的真话，其背后必然需要一个发现了自我、有独立判断的生命个体。

　　从学生的角度而言，切不可学过无痕。许多学生在高三作文备考的过程中，捧着"论据手册"看个没完，奉若经典，殊不知整个高中三年乃至初高中六年里，一篇篇文章、一段段学习、一个个练习、一次次发言，其间积蕴着丰厚的学与识，积蕴着大量灿若珠玑的写作素材。若能从中反思提取，写作的能量其实是空前巨大的。

四、准确达意是语言的第一生命，语言永远是思想与情感的双翼

无论是从教学实践看，还是从高考作文现状看，都可发现许多学生为了追求语言的"美"，而使自己的表达莫名其妙，不知所云。在高三作文备考过程中，应该首先强调：说"准"了，就是说"好"了。任何优美生动的语句，其实都是以说"准"了为根本前提的。

> 浊然穹冥，混沌世间，七星成线，列宿回转。宇宙在你轻盈的哼唱中沉沉地睡，不觉走过几度轮回。金戈铁马，血映赤壁，疆场无烟，尸魂烟鸣。人间在你狡猾的眼神中昏昏地醉，黄沙后，留下几世颠沛流离。
>
> …………
>
> 红白相错成阴阳两重天，你将悲喜缠绕着冰冷的绳结。一挥袖淡了前世许下的绛珠顽石，毁了藏梦含情的大观园，一阵轻风，空留下一段无始无终的梦境，为人倾叹百年。

这是学生以"规则"为题写的一段作文，我们可以看到作者对语言的追求是很高的，但在追求语言华美的同时，却把

"达意"丢在了一边。"词"如若不能"达意",这"词"岂不成了文字的游戏?首段意在讲规则在大千世界沧桑巨变中的作用,但这个"作用"讲得过于晦涩扑朔。"尸魂烟鸣"的说法似是而非,突然转出"黄沙后,留下几世颠沛流离",何谓"黄沙",又是谁"留下几世颠沛流离"?"红白相错成阴阳两重天",与"规则"有何联系,语焉不详。这样的语言,更多地偏重了形式,在备考中,如果不加以修正,是要自误的。

　　学生在意了语言表达,是件好事。但这样的"徒有形式",持续的时间不能太长。由形式里走出来,渐渐开始自觉地关注思想情感与语言表达的和谐一致,使语言成为思想情感飞行的双翼,是学生语言学习的一次大的飞跃。语言,是"人"的魅力。

五、自然是人类伟大的导师,亲近自然,领悟自然,应该是我们的一门重要课程

　　假期,我正在家中看书,突然收到一位学生发来的短信:"老师啊,我突然觉得'一叶知秋'是件伟大神奇的事!"我知道她此时已经"身陷其间",坠入自然广袤丰厚的意蕴中了。我立刻给她回复说:"是啊,那是一颗敏感、博大、怀有天下

的极其丰富的心灵才能做到的事呀！我曾经与你一样，也生出过此等赞叹。你把这个感受记下来，发给老师，一赏。"很快，又一则短信到了："一片被风吹落在脚边的叶子，低身拾起它，放在手心，趋向黄色的绿色边缘微微卷起，可知炽烈的夏天已尽，感觉到手中这片叶通连着宇宙的进程，四季的变迁……"我还未看完，又来了一则："对，另有悲悯！"学生对自然的感受如此敏锐，让人高兴。我给她回复："是啊，是件'复杂'的事。悲悯有，四季的起承转合亦有，自然的伟力亦有……是个心灵被浸染、受震撼，由一颗心而及世界的过程。"

自然永远是人类最伟大的导师，她养育了人类，同时又不断启迪着人类。向自然学智慧，养成感悟自然的敏锐，学生的生命会不断得到濡养，学生的文思也会得到甜美博大的浸润，文章由此而充满了高贵的气息。

高考作文的"功"得益于自觉的思考，得益于不断的积淀，得益于日常的练习，得益于认真的阅读，得益于各样的活动……但最主要的还是得益于我们多维广阔的课堂感悟。如果我们的课堂能够不断促使学生进行创造，我们的高考作文备考空间将无限延伸。名家名篇、日常生活情景、大自然、优秀的影视作品等，都蕴含许多值得我们感动的东西。教会学生体悟，山川烟岚、天地星辰都是"老师"，都是"教育者"，都在对我们"说话"。教高三的时候，我对学生说：

> 踢开冰雪，春意朗然：朱樱青豆酒，绿草白鹅村。水满船头滑，风轻袖影翻。当我们用心去写的时候，我们便觉得自己与窗外无比浩大开阔的世界相关联。我们的心宁静而跳荡，活跃而端庄。我们犹如鱼，游在了碧澄澄的海里。

纵观历年，特别是近年高考作文命题呈现出的特点，不难推测，今后高考作文命题将越来越有助于对有思想高度、感情真挚丰沛、语言文字运用准确纯熟的考生的选拔。针对这样的命题趋势，在高考作文备考中，不仅要练"式"，更要注重练"功"。功、式并举，不仅可以决胜于考场，更大大地有益于学生的人生。

剔除笔底的俗念

　　在写作中，每一"意"出，便会有一些惯常的俗念缠结笔底。如果我们思维懒惰，习惯庸常，一笔一笔写下来，作品便近乎平俗。写作的过程，其实就是剔除庸常的表达与见解，捕捉新鲜、创造新鲜的过程。

　　假如在军训中，明日要拉练，今天让我们说一句鼓励大家的话。不费思虑，我们似乎可以说：团结、互助、坚持。亦可以说：掉皮掉肉不掉队，流血流汗不流泪。这是军营中的惯用语，初次说此语的人，是有创造力的。利用"掉"与"不掉"、"流"与"不流"音节的变化与语意的转换，将战士意志的顽强与坚定充分表现出来。但后来几经袭用，便如"美人如花"般庸常了。如此这般，这样的俗话、套话似乎压在舌底，是随时可以脱口而出的：坚持到底，就是胜利——死扛！咱们都是好样的！为了心中的目标，大家冲啊！……鼓励大家的主旨不变，但假如我们说成"拉练，需要的是大家的齿合，坚持到底！"，这一表达便优于上述那些了。这个句子依靠谐音，巧妙地将一个形象蕴含在其间——拉练，拉链。借助这一形象，将大家紧密的团结与相互的帮助喻为"齿合"，新颖别致，语意凝练，强调彼此紧密团结、相互支持，便可克服巨大的困难，很好地起到了鼓舞士气的作用。所以我们说这是一个好句子。创造这个句子的人是一个不满足于庸常表达的人。创造是无尽的，每一个"意思"的背后，都配合着各类表达方式。我们还可以说："用距离测量意志！"这个句子之所以好，首先是因为它深契题旨。拉练，是长途的奔袭。奔袭的过程充满了艰辛与汗水，学生需要有顽强的意志才能完成任务。这个句子将上述意思充分表达出来。其次，"测量"的使用也很新巧，不仅巧妙地勾连了拉练中"距离"与"意志"的关系，而且这个词本身还蕴含着比拼的味道。大家都用"距离"来量一量，看一看谁的"意志"多。此句言简意赅，含义丰富，用语巧妙，与一般的习惯性表达相较，显得新鲜、凝练、富于鼓动性。

　　再举几个生活中常见的情景，让大家体味剔除了笔底俗念之后语言的清新与别致。譬如描写中暑，我们仔细体会个中滋味，可以写成：我的头皮上粘着颗太阳，全身每个毛孔似乎都在哧哧地发散着留在体内的热气，心在热浪翻卷的海里上下浮沉，飘飘摇摇……再如描写溽暑中浴后：身上所有的毛孔都洞然打开，它们探出头，以各种新奇的角度，接纳着这个经水冲刷后清凉的世界；丝丝缕缕的微风擦过皮肤，像孩子似的快乐奔跑。再如四季，我们可以说成：①那是太阳为了去另一个半球游玩而说的谎；②四季周而复始，千百年来似乎只揭示了一个道理，没有冬天的一年是不完整的，而冬天之后永远是春天；③太阳切割着四季，四季切割着生活；④春风扣响了大地的门，夏荷打开池塘的窗，秋叶为收获深情地唱着歌，再软弱的人，也会在冬日里变得坚强；⑤四季如人生，充满了春耕、夏耘、秋收、冬藏的喜悦；⑥四季用它丰富的魅力，使整个世界有了性格。

剔除笔底的俗念，可以从"无"处生"有"，可以从"有"处生"新"。之所以说语言是艺术的，是因为它有无尽的创造。创造艺术性的语言是艰辛的，犹如拓荒，常常需要在前人没有开垦过的地方掘出一片沃野。伟大的作家就是通过自己的创作实践，将人类语言与思想的"域"一步步扩大开来的。

对于蝉，唐代大诗人虞世南道："垂緌饮清露，流响出疏桐。居高声自远，非是藉秋风。"在他的眼里，蝉是居高声自远的高逸之士。对于蟹，唐代诗人皮日休道："未游沧海早知名，有骨还从肉上生。莫道无心畏雷电，海龙王处也横行。"
在皮日休笔下，蟹是不畏权贵的狂士。对于公鸡，明代的唐寅
道："头上红冠不用裁，满身雪白走将来。平生不敢轻言语，
一叫千门万户开。"在唐寅的心中，公鸡是一鸣可惊万户的豪
杰之士。蝉、蟹、鸡均是世人惯见之物，虞世南、皮日休、唐
寅却于无所作为处别开生面，给读者留下了新颖而深刻的
印象。

横向展开议论

一、学情分析

我所执教的班级是一个高二理科班。高一作文训练的重点是写作较为复杂的记叙文。经过一年的训练，学生已然可以写出人物较为独特的个性，可以写出事件的波澜，可以在文中设置巧妙的细节，亦可以依据行文的需要灵活选择记叙的角度。此外，学生描景状物的能力也有了进一步提高。进入高二以来，作文训练的重点为写作较为复杂的议论文。经过前一段时间的学习，学生已经掌握了议论文一般的写作方法。目前主要的问题是论证思路展不开，文意不畅。特别是论证过程单调乏味，缺乏丰富的变化，语言干瘪，文势庸冗。议论文的写作到了该突破瓶颈的阶段。我设计下面这几节作文课，旨在让学生通过学习掌握横向展开议论的方法，有效改善议论文写作现状，让学生的论证丰富多样，议论文写作出现"奇峰异嶂，层见叠出"的新气象。

二、目标定位

①明确"横向展开议论"的基本内涵及必要性。

②掌握"横向展开议论"的主要方法。

③面对作文题目，有效且个性化地横向展开议论。

三、教学简案

奇峰异嶂，层见叠出

——议论文"横向展开议论"教学简案

（一）激趣导入，透视经典

（此部分旨在"悟名篇，感方法"）

杜牧的《阿房宫赋》为同学所熟悉，是唐文中的名篇。此文曾为小杜带来一段传奇般的经历。王定保《唐摭言》记载了这样一段故事。杜牧26岁应进士试时，《阿房宫赋》一文已在太学生中广为流传。当时太学博士吴武陵曾手持此文，向主试官崔郾极力举荐，并为他诵读此文。崔郾大奇之，吴武陵请求将杜牧定为状元，但状元已有人选，不得已，杜牧得第五名。金圣叹亦曾感叹《阿房宫赋》："文章至此，心枯血竭矣，逐字细细读之。"（渲染引述，引起学生关注）此文辞采华美，议论警拔，用如椽大笔极力描绘阿房宫的富丽豪奢，旨在讽时刺世，规谏当时的统治者不要穷奢极欲，重蹈秦灭亡的覆辙。在这篇华章中，有这样一段议论文字值得大家关注。

秦爱纷奢，人亦念其家。奈何取之尽锱铢，用之如泥沙！<u>使负栋之柱，多于南亩之农夫。架梁之椽，多于机上之工女。钉头磷磷，多于在庾之粟粒。瓦缝参差，多于周身之帛缕。直栏横槛，多于九土之城郭。管弦呕哑，多于市人之言语。</u>使天下之人，不敢言而敢怒。

[提问] 请同学再次关注画线句子，从"负栋之柱"到"架梁之椽"，再到"钉头磷磷"，再到"瓦缝参差"，再到"直栏横槛"，直到"管弦呕哑"。这样写，似乎啰唆繁赘。不妨将这几句删掉，简化为：

秦爱纷奢，人亦念其家。奈何取之尽锱铢，用之如泥沙！使天下之人，不敢言而敢怒。

意思不损，又显得干净利落，岂不更好？（提问激趣，引起学生关注并思考"横向展开议论"的妙处）

师生研讨。

[**明确**]　此一段正是《阿房宫赋》中繁锦密绣、妙笔生花之处，自然不可删除。杜牧由"负栋之柱"开始，不断生发，横向展开议论，使观点深化。从阿房宫纷而化出：负栋之柱、架梁之椽、钉头磷磷、瓦缝参差、直栏横槛、管弦呕哑。再使其通过"多于"分别与农夫、工女、粟粒、帛缕、城郭、言语一一对比。这样每横向展开一笔，阿房宫的穷奢极欲与国家社稷、百姓生活之间的矛盾就生成一次，深化一次，尖锐一次。这一节笔意紧密相连，笔势腾挪翻转展开横向议论，将年深日久、不可调和的社会矛盾充分揭露，显示其积重难返之势。横向铺排议论，展现出了排山倒海般的论证气势，产生了振聋发聩、撼动人心的论证效果。

可以这样说，横向展开议论，不仅使杜牧的议论辞采纵横，妙语迭出，更重要的是使议论气势飞动，环环相扣，笔笔相连，将理说得透辟飞扬，不容不信。

（二）阐发内涵，明确价值

（此部分旨在帮助学生形成理性的概要式认识）

论证展开的时候，可以按照事物的本末缘由，由表及里、

由浅入深纵向展开议论；也可依据事物的某种相关性，横向展
开议论。无论是纵向展开议论，还是横向展开议论，都会使论
证走向深入。纵向展开与横向展开，是人类议论说理时最常
用、最基本的两种论证思维模式。这里我们主要解决"横向展
开议论"的问题。同学们一旦掌握了横向展开议论这一思维方
式与写作方法，论证便会如《阿房宫赋》一般雄健有力，浩荡
如风。

（三）高考范例，归结方法

（此部分旨在"悟范例，深方法"）

[提问] 下面这些文段都选自近年高考高分作文，仔细研
读这些片段，就画线部分的内容，展开讨论。请思考这些文段
是如何横向展开议论的，可否为这些横向展开议论的方法命
名，并概括其优点？再思考一下，横向展开议论对展开论证有
怎样的好处？

→ **文段 1（并列法）**

填不满的广口瓶

19 世纪末期，就在人们普遍认可原子是组成物质最小的粒
子时，汤姆生的原子模型向世人证实了电子的存在，于是电子
获得了最小粒子的金牌。没有比电子更小的粒子吗？时至今
日，人们仍在探求突破极限——期待一位新的微型粒子夺冠。

　　10 秒曾被认为是人类百米赛跑的极限时长，可当世界纪录被提高到 9 秒 72，人们有了更新的期冀——我们的两条腿究竟还有怎样的潜力啊？

　　110 岁曾经是公认的人类年龄极限，而当一位美国老太太在 121 岁举行了她的首场个人演唱会时，整个人类生命的极限被提升到一个崭新的历程。

　　这世上几乎所有的纪录都被一破再破，无数的极限成为陈迹。古诗云："山重水复疑无路，柳暗花明又一村。"如果我们看透极限，向外眺望，定会看到更广阔的空间。眺望是人类进步的踏板。

➔文段 2（分类法）

老鹰哲学

　　南太平洋上的小龟纵然聪明，不过，最终还是葬身鹰腹！自然界中鹰享有盛誉，仔细总结，可发现其有以下三个特点，称之为老鹰哲学。

　　老鹰哲学之一：看清事实。

　　老鹰哲学之二：引而不发。

　　老鹰哲学之三：坚持不懈。

　　这便是老鹰的哲学！有了它，老鹰得以捍卫自己的领空，称霸一方，无人匹敌！

学习老鹰的哲学，我们便能驾驭着老鹰的智慧，长出一双坚强的翅膀，以一双锐利的眼睛，自由搏击于长空！

➔ 文段 3（譬喻法）

请让我自己站起来

如果我是一只雄鹰，我要追求鹰击长空的洒脱；如果我是一条游鱼，我要追求鱼翔浅底的美丽；如果我是一只骆驼，我要追求驼走大漠的极致。

那么所有关心我的人，让我自己站起来，如果我遇到困难。

➔ 文段 4（联想法、正反法）

爱他就让他摔

如何才能经受狂风侵袭，度过凛冽的冬天的考验？

藤蔓说：要有能攀附的墙。麻雀说：要有能遮雨的檐。

如何才能经受波涛拍打，到达遥远的大海彼岸？

帆说：要有挺立的意志。鹰说：要有不折的信念。

亲爱的妈妈啊，你们是想着让自己的儿女像雄鹰般展开矫健的翅膀在万里长空搏击，还是想让他们像麻雀那样挤在屋檐下叽叽喳喳啄虫抢米呢？

亲爱的学校、社会啊，你们是想培育一丛又一丛攀墙附树一到严冬就枯萎的藤蔓，还是希望能造出一根根坚强挺立傲对风雨的桅帆？

…………

爱他就让他摔吧！山间岩石如画，源于霜雪的剥蚀；峭壁中苍松劲拔，孕于风雨的洗礼。不要为他遮风挡雨，让他在风雨中更挺拔。

爱他就让他摔吧！经过挫折，他将健硕如西北荒漠中的胡杨林，傲对天地；经过磨砺，他将如寒冬墙角的傲梅，遍撒清香于人间。

爱他就让他摔吧！当你们把这份足金的信任交给他，他将支撑起明天。

➜ 文段 5（类比法）

适合自己的才是最好的

鹰击长空，鱼翔浅底，虎啸深山，驼走大漠，因为选择了适合自己的位置才造就了生命的极致；小桥流水，蝉吟虫唱，斗转星移，珍器古玩，因为选择了适合自己的方式才创造了美景奇观；钓鱼台的柳影，西山的虫唱，潭柘寺的钟声，圆明园的荷花，因为选择了价值才成就了美名的享誉。同样，任何事物只有选择适合自己的方式才是最好的，才能实现自己的价值。一只乌鸦羡慕老鹰漂亮的俯冲抓小羊的动作，自己也模仿老鹰，以至于被牧羊人抓住。乌鸦不但没有抓住小羊，反而被别人掌握了生命，盲目模仿演绎了一场悲剧。

→ 文段 6（假设法）

说"安"

没有哪个人物在成长的路上从未摔过跤，因为学会摔跤，了解皮肉与大地接触的疼痛感，是蹒跚学步的孩子必需的经历。<u>如果摔倒也是安全的，不会带来伤害，那么还有谁会在乎失败的痛楚呢？那么还有谁愿意通过努力获得成功呢？</u>所以安全与不安全是一枚硬币的两面，相互支持着使对方存在。

古人云："生于忧患，死于安乐。"不错，人生从不安中启程，终止于永久安乐的死亡，而路上的人，便是在安与不安的路上不断前行着。

在学生充分研讨的基础上，教师因势利导，做点拨，明确各选段横向展开议论的方法及优势。

[明确]

文段 1

文段 1 出自 2008 年高考北京卷高分作文。文段论证的重

点在第 4 段"如果我们看透极限，向外眺望，定会看到更广阔
的空间"上，这个观点是从题干材料"填充广口瓶"中自然得
出的。此前提到了电子、9 秒 72 的速度、121 岁高龄，正是此
文论证的妙处。"挑战无极限"确是本文论证的核心，小作者
由此横向想开去，想到 3 个方面的 3 件事。3 件事并列而出，
其目的只有一个：论证无论在科学上、体育上还是人的年龄
上，极限都是相对的，都在被一次又一次突破。作者横向铺排
的 3 件事与 4 段观点相互映发，为整个论证壮大了声势，强化
了效果，使整个论证过程有声有色。此种横向展开论证的方
法，我们可以称之为"并列法"。并列法的实质在于：几处相
关论证并列而生，论证的核心却都指向一处。此法的妙处在
于：枝繁叶茂，有声有色。

文段 2

文段 2 出自 2006 年高考全国卷Ⅰ高分作文，题目"老鹰
哲学"是从材料中合理提炼出的。老鹰是材料中的成功者，老
鹰的成功来自它的哲学。进一步论证"老鹰哲学"的内涵，当
然可走纵向论证的道路。那就得寻根探源，步步逼近，层层递
进，这样写来自然会是一篇佳作。可是对于考场的考生而言，
纵向展开议论，虽可收鞭辟入里、入木三分之效，但展开的难
度确实很大。短时间内做不好，便会弄巧成拙，反受其害。作

者于是横向展开论证，开掘出"老鹰哲学"的三个特点。此种横向展开议论的方法，我们可以称之为"分类法"。分类法是横向展开议论最快速、最行之有效的常用之法。分类可以按时代分，按目的分，按性质分，按价值分，按内容分……可以这样说，没有什么是不可分类的，因此分类法几乎题题适用。其妙处在于：快速展开，精彩纷呈。

文段 3

文段 3 出自 2007 年高考全国卷Ⅰ高分作文。文段所要论证的中心论点可以概括为：如遇困难，应当让孩子自己独立克服，这才是对孩子真正的关心。文章由雄鹰、游鱼、骆驼三个譬喻，横向展开论证；这样既避免了一般议论文干瘪枯涩的那种论证过程，又让人生动鲜活地感到自然界皆是如此，何况人类。中心论点在生动论述中，形象而充分地树立起来。鲁迅先生在名篇《拿来主义》中亦是运用这种"譬喻法"横向展开议论。大宅子、鸦片、烟灯烟枪、姨太太的譬喻论证，至今脍炙人口。譬喻法的妙处在于：生动形象，富于辞采。

文段 4

文段 4 出自 2007 年高考全国卷Ⅰ高分作文。事物，如果孤立地去谈论，去阐发，就易平淡枯燥。如果展开联想，由这个事物联想到与之相关的另一个事物，在它们的相互关系中，去突出事物的特征，开掘事物的本质，则不仅可以使议论更深入，而且可以使思路变得开阔而活泼。文段的中心论点是爱孩子就应该让孩子接受磨难、困苦，这样才有助于孩子的发展。基于这样的观点，小作者联想到了懦弱而寻求依赖照顾的藤蔓与麻雀；同时，也联想到了经受挑战、克服艰难、饱经锤炼而终获成功的帆、鹰以及岩石、苍松等物。这些论证横逸于纸间，启人深省，鼓舞人心。这种横向展开议论之法，可以称为"联想法"。联想法的妙处在于：开阔活泼，启人深省。

此外，这个语段在篇首几段还运用了"正反法"。藤蔓、麻雀与帆、鹰在面对艰险、克服磨难时，态度、做法截然不同，形成强烈的正反对比。在相关的对比之下，突出了需要确立的论点。正反法的妙处在于：正反对比，强烈突出。

文段5

文段5出自2006年高考全国卷Ⅰ高分作文。此段的中心论点是"任何事物只有选择适合自己的方式才是最好的，才能实现自己的价值"。为了让中心论点充分确立，作者在篇首采用了类比横向展开议论的方法。类比从三个层次展开：①鹰击长空，鱼翔浅底，虎啸深山，驼走大漠，动物界如此壮阔自由，是因为选择了适合自己的恰切位置；②小桥流水，蝉吟虫唱，斗转星移，珍器古玩，美景奇器如此赏心悦目，是因为远择了适合自己的存在方式；③钓鱼台的柳影，西山的虫唱，潭柘寺的钟声，圆明园的荷花，这些名胜景观如此令人留恋，是因为选择了各不相同的特性。横向类比，层叠而出，使得中心论点的确立不再是简单孤立的，而是层层认同的，整个论证过程壮观而宏大。类比法的妙处在于：层层认同，壮观宏大。

文段 6

文段 6 出自 2005 年高考北京卷高分作文。文段采用了"假设法"横向展开议论。假设法是在假设条件下推测可能生成的结果，以此证明观点的一种分析论证方法。此文段画线部分先假设"如果摔倒也是安全的"，接着得出人们不愿通过努力获得成功的推论，从而证明"摔倒"可以让人成长。假设法的妙处在于：假设归谬，强化论点。

总之，横向展开议论，有时既避开了纵向展开的艰难繁巨，又获得了开阔、丰富、形象、生动、颇具气势、富于辞采的论证效果。应该说横向展开议论，是纵向展开议论的有效完善与补充。巧妙适时地横向、纵向展开议论，才能使整个论证或扬长避短，或相得益彰。在研讨文段的过程中，我们总结出横向展开议论常见的 7 种方法。这 7 种方法及其价值分别是：

并列法：枝繁叶茂，有声有色。

分类法：快速展开，精彩纷呈。

譬喻法：生动形象，富于辞采。

联想法：开阔活泼，启人深省。

正反法：正反对比，强烈突出。

类比法：层层认同，壮观宏大。

假设法：假设归谬，强化论点。

（四）学生佳作，剖析领悟

（此部分旨在"悟同学，化方法"）

[提问]　下面两个"说三"的文段，均出自学生之手。重点关注画线部分，请剖析、欣赏、领悟其间横向展开议论部分的方法与妙处，并将自己的想法说出来，与同学、老师分享。

→文段1

说"三"

不知为何，"三"仿佛成了中华文化里一个独具魅力的数字，也成为世界上不同民族、不同文化间一个独特而又极富意味的交汇点。西方有文艺复兴三杰，东方有儒学三圣；政治领域有叱咤风云的三巨头，宗教中亦有耶稣、释迦牟尼、穆罕默德三大先圣；就连足球里面也曾有德国"三驾马车"与荷兰"三剑客"一决雌雄。这个世界好像不约而同地认为"二"略显单薄，"四"过于冗杂，而"三"则是那个刚刚好的数字。其实，当我们暂时把偶然、巧合等放在一边不论，理性地思考一番，"三"在世界范围内获得广泛认同实则是不无道理的。

→ **文段 2**

说"三"

首先，"三"是一种稳定的架构与公平的模式。说到此，我们首先就会想到汉末的"三国鼎立"。"三"意味着势力之间的平衡与制约，魏蜀吴三方没有哪方毫无后顾之忧，亦没有哪方处于绝对的劣势，三股势力间密集交杂的关系网牵扯出三个国家间一个稳定的局面。因此，诸葛智冠天下也只能偏居一隅，曹魏兵强马壮也只得隔江而望，周瑜文韬武略也只能踞守江东，除非其中的某一方内部出现了混乱，否则这种三分天下的局面将很难被打破。"三"就好比一出群角戏，在这里没有绝对的主角与配角，有的只是三个角色轮番登场，哪个角色演过火了这出戏都不那么精彩；"三"又好比一首合唱曲，在这里没有一个盖过一切的声音，有的只是高中低三个声部巧妙的搭配，哪个声音过于突出了这首歌都不那么完美。是魏蜀吴三国鼎立给了我们无数激荡千古的历史典故，是中美欧三股势力平衡给了我们和平的现状，是司法立法行政三权分立给了我们民主法制。很难想象失去了"三"的平衡与制约，这个世界会是怎样的一个乱局。

同时，"三"还是一种处世的哲学与人生的态度……

[明确]

文段1采用联想法横向展开议论。作者由"三"触类旁通,心游万仞,想到文艺复兴三杰、东方儒学三圣、政治领域三巨头、宗教中三大先圣、足球世界里的荷兰"三剑客"与德国"三驾马车"。这些联想,纵横开阔,生动丰富,强有力地证明了"三"在世界范围内获得广泛认同,有着不可替代的独特意蕴。

文段2首先采用分类法,从"三"的意蕴与价值进行二重分类。分类一展开,思路便随之洞开,全文的论证立刻便"活"了。这样依据分类法横向展开议论,不仅条理清楚,结构井然,而且思路开阔,论证有力。虽然是从两个并列的侧面对"三"进行开掘,但两个方面紧密关联,相得益彰。在丰富的同时,同样显示了深刻。其次,文段2还使用了譬喻法。"三"如群角戏,又如合唱曲。两个恰切的譬喻,顿时让论证有声有色,多姿多彩。

(五)出示题目,思路互动

(此部分旨在"悟自己,用方法")

[出示作文题目]

"和"是中国古代哲学术语。《国语》中有"和实生物"的说法,意思是各种不同的元素,相互协调、融合,最终都能得到发展，生生不息。

古人这种认识启示我们去思考古今中外各种相关的问题：自然万物之间的，人与自然之间的，人与人之间的，文化与文化之间的……

参照以上文字，以"和"为标题，写一篇不少于800字的文章，除诗歌外文体不限。

[明确要求]

①这是一篇偏重说理的文章，想一想：作文题目中的"和"与我们平时所说的"和平"之"和"、"和好"之"和"有何区别？（解决学生审题上的问题）

②纵向展开议论当然是重要的，但如果你的思路因此而滞涩，或你还希望整个论证过程更加有姿彩，富生机，那你不妨有意识地考虑：如何横向展开议论？

③写出写作提纲或文章片段，与同学、老师互动交流，进而对自己的思路进一步校正并完善。

[学生精彩作文片段]

→文段1

雄鹰振翅高飞，划过长空。矫健的雄鹰与广博的蓝天共同描绘出鹰击长空的气魄。鱼儿摆尾洄游，穿透碧波。灵动的鱼儿与摇曳的莲叶共同描绘出鱼戏莲动的轻灵。彼此相和，彼此相生，这便是"和"的智慧。

→ 文段 2

没有"和"的精神，必然会招致灭亡。战国时六国没有采取合纵的策略，相互协调、融合，而是为各国的利益所诱，各自打各自的小算盘，最终导致——被秦国击破。

纵使牡丹再高贵，玫瑰再娇妍，菊花再清丽，梅花再脱俗，也赛不过漫山遍野百花齐放、争奇斗艳的协调与融合之美。让我们都拥有"和"之精神吧。只有重拾"和实生物"的智慧，我们才能相互协调融合，生生不息。

→ 文段 3

中国画中蕴含着"和"的智慧。墨给予雄鹰焦黑突兀的翎羽，留白便赋予它得以挥翅搏击的天空，尽显其风驰电掣的速度；墨给予叠峰巍峨伟岸的身形，留白便赋予它隐现腰间的氤氲雾霭，尽显其神秘的灵韵；墨给予鱼虾明朗清丽的姿态，留白便赋予它们自由游弋的清潭，尽显其灵动活泼的生机，仿佛划水的声响都在耳边泠泠萦绕。焦墨与留白的"和"让简单的黑与白相映成趣，展露国画艺术深蕴的风貌与意韵，传承着国画的精髓。

四、教学反馈

[学生听课后感受]

①横向展开议论有时真的挺难，特别是在考场上，有时一时难以充分展开，心急火燎。上完这节课，感觉长本事了，展开思路的办法更多了。

②我的议论性文章，常常很干瘪；因此，有时自己都不爱写。当思想意识里有了"横向展开议论"一说，又试着用了几次后，感觉我的文章有了"水分"，心里很舒服。

③横向展开议论是纵向展开的有益补充，现在想来，其实在此节课前，我也用过此法，不过一直是无意识的。经过这几节课上与老师、同学的研讨互动，这项本领，我掌握得更娴熟了。

五、教学感悟

这节课的主要目的是教会学生横向展开议论。教学目标决定着这节课是一节写作实用技能课。正因如此，整个教学环节突出了三个关键词：范例、方法、实战。掌握一项技能，一般要遵循"边看边悟—边悟边用—边用边悟"这样一个循环往复、不断深入的过程。为此，教学设计安排了这样几个环节：悟名篇，感方法；悟范例，深方法；悟同学，化方法；悟自己，用方法。这几个环节前后相接，环环相扣，步步推进，反复巩固，就是希望学生在悟中用，在用中悟，最终达到自觉精熟、不提概念而方法自成的效果。从上课及课后的实际状况看，这样的设计是成功的。

个性化说理

一、诠释

大家恐怕还记得俞文豹在《吹剑续录》中对苏词与柳词的比较吧：苏轼词，关西大汉持铜琵琶、铁绰板，慨然高歌"大江东去"；柳永词，须十七八岁的娇女执红牙板，细语轻歌"杨柳岸，晓风残月"。为何一个浩荡奔涌，一个清丽凄婉？答曰个性使然。不独写词如此，说理亦然。贾谊说理，真情澎湃，恣肆汪洋；诸葛亮说理，情真意切，笔意深婉；韩愈说理，理直气壮，老道厚重；鲁迅说理，透辟深刻，入木三分；朱光潜说理，旁征博引，周到细密；钱锺书说理，幽默机智，学贯中西。没有个性的说理，要么人云亦云，随波逐流；要么矫情虚伪，不着边际。写来都是一纸空文，终落下品。那么，何为个性化说理呢？简单说，个性化说理就是同学们自主、真实、创新地阐明观点，分析事理。在说理的时候要有一种欲为社会除弊事、肯为人间担道义的责任感，要有一种"安天下者，舍我其谁"荷戟独行的豪迈气概，要有一种骨鲠在喉不吐不快的倾泻欲望。

个性化说理，既是写作内部规律的要求，又是社会发展的要求。清代大诗人袁枚曾说："大概著书立说，最怕雷同，拾人牙慧。赋诗作文，都是自写胸襟。"（《寄奇方伯》）他自己曾写过一首题为《卓笔峰》的诗：

　　　孤峰卓立久离尘，
　　　四面风云自有神。
　　　绝地通天一枝笔，
　　　请看依傍是何人？

绝地通天，傲然而立，无所依傍，独抒性灵，这正是诗人所追求的。一个人不能独自思考，我手写我心，是不可能写出好文章大文章的。此等写作规律，古今中外，概莫能外。社会的发展对个性提出了前所未有的要求，试想，在经济高速发展的当今社会，如果市场上的商品缺乏个性化设计，怎能充分满足消费者多方面的需求？如果缺乏具有个性化理念的企业家，企业又怎能在变幻莫测的全球商战中吞吐风浪，立于不败之地？同样，这样高速发展的一个时代，又怎能缺少个性鲜明、见解透辟、高屋建瓴、切中肯綮的为文者呢？那些茫茫然昏昏然个性黯淡亦步亦趋的人终将被时代淘汰，社会需要独具个性的立言人、实干家、弄潮儿！

那么，怎样才能在写作中做到个性化说理呢？我为同学们提出如下建议。

（1）个性化说理，就要勇于去掉各种套子。

首先，去掉思想上的套子，要养成勤于动脑的习惯，要敢于独立分析事物、阐明事理。写作是写作者思想情感的真实流露与倾吐，要唤醒自我沉睡的意识，要在文章中敢于表达自己。作文应该去掉那些现成的、流行的、似是而非的思想，不必顾虑自己思想不太深刻，不必顾虑自己的观点缺少意义，更不必害怕自己的认识与众不同。要让思想走出世俗、矫情、虚假的歧途。明白只要是用心思考过的观点，就一定有它存在的意义。重视真实的存在、真实的思考、真实的阐发，不要让充满朝气与思考力的思想呆滞凝固，不要让它们轻易膨化。要用心关注社会，要真诚思考人生，不抱怨不偏激，不居高临下一味指责，要怀着认识世界探索世界的好奇心去思考去思辨，要力图改变现状，要积极乐观。这样产生的观点、思想一定是鲜活的、新颖的、充满生命力的，是摆脱俗套的、有价值的。

其次，要去掉思维上的套子。最好的办法就是加强思维训练，力争立意新颖，这样才会让作文彻底摆脱简单化模式化的套子。加强思维训练，可以充分利用如下三种思维方式。

①发散思维，即一种思维从某一点出发，放射状、多角度、全方位对某问题进行思考。运用这种思维方式，可以拓展我们的思路，从而求得更新颖、更深刻的立意，解决"不好写"的问题。大家知道这样一则材料：

牛顿曾为了自家的大猫与小猫便于通行，在墙上开了一个大洞、一个小洞。

如果运用发散思维思考这则材料，可以得出这些结论：a. 具有特殊思维能力的人，在科学上更能有所成就。b. 人有所忽略，才能有真正的追求。c. 爱心，是科学家最宝贵的品格。d. "大"与"小"拥有同样的权利。

较复杂的材料，涉及矛盾的几个方面，思考时还要注意思维的角度。

达·芬奇从小便拜著名画家韦罗基奥为师学习绘画。老师在开始的时候，并未教他创作什么作品，而是让他反复去画鸡蛋。在他不耐烦的时候，才对他解释说没有两个完全相同的鸡蛋，要在画纸上把它完美地表现出来，非下苦功不可。反复画鸡蛋，就是严格训练用眼睛仔细观察形象，用手准确描绘形象，手眼一致，绘画才会得心应手。后来达·芬奇用心学习素描，经过长期艰苦的艺术实践，终于创作出许多名画。

这则材料，涉及矛盾的三个方面：达·芬奇，他的老师韦罗基奥，他们之间教与学的关系。这便带来了思考问题的三个角度。从达·芬奇这个角度出发，运用发散思维可以得到如下结论：a. 天才出自勤奋。b. 从基础开始练起，扎实的基础是成功最主要的条件。c. 只有经过长期艰苦的实践，才会干成一番事业。d. 持之以恒、坚持不懈才能获得成功。e. 黑发不知勤学早，白首方悔读书迟。从老师韦罗基奥这个角度出发，运用发散思维，可以得出如下结论：a. 严师出高徒。b. 教学方法得当，才能培养出人才。从他们二人教与学的关系出发，运用发散思维，可以得出如下结论：a. 青出于蓝而胜于蓝。b. 成功既要靠自己努力，也要有正确的指导。

②向心思维，它与发散思维恰好相反，发散思维强调从一点出发，思维呈放射状态，而向心思维则是由放射状态聚合成一点的思维方式。鲁迅先生说过这样一段很有见地的话："要锻炼着撒开手，只要抓紧辔头，就不必怕放野马；过于拘谨，

要防止走上小摆设的绝路。"这里所说的"撒开手",不妨理解为运用发散思维;而"抓紧辔头",则强调向心思维的重要性。

③逆向思维,即改变日常的思维定式,沿着相反的道路去思索。成功地运用这种思维方式去立意,可以在一些老生常谈的题目上"翻"出新意。如《有志者一定事竟成吗》《我们应该提倡点"忠言顺耳"》《要敢于弄斧于班门》《顺境更有助于成才》《见识短的人一定头发长吗》等,都是较成功地运用逆向思维的例子。使用这种方法应注意的问题是,不是所有的论题都可运用逆向思维的,对那些不适合用逆向思维的论题万不可强求。如"日本帝国主义侵华就一定应该受到全世界的谴责吗?""环境问题就一定该得到大家的关注吗?",日本发动侵华战争理应被全世界谴责,环境问题理应得到大家关注,不可逆向立意。使用逆向思维时,同学们需谨慎才是。

古希腊哲学家赫拉克利特曾说:人人都有认识真理的能力,但有能力并不等于有真理,只有那些善于思考的人,才能运用认识能力去发现真理。世界是多元的,认识问题的角度也应该是多维的,根据自身独特的视角与经验得出的结论,有其相对合理性。在写作过程中,同学们应该充分激发自己的认识才能,充分发挥自己的认识个性,发前人之所未发,得出探索性、独特性的结论。

再次，应该摆脱论据上的套子。论据是论点的关键支撑，论据要是难以挣脱套子的束缚，论点即便成立也会黯淡无光，丝毫引不起别人的关注。选用新颖、生动的论据，无疑会吸引读者阅读，使人耳目一新，对全文的观点留下深刻的印象。金代王若虚说："文章自得方为贵，衣钵相传岂是真。"意即内容陈旧、层层因袭，即使主题再好，文章也难以达到很好的表达效果。而一部分同学平时缺乏搜集整理材料的好习惯，所以论证时不外乎就是瓦特发现蒸汽推动壶盖、牛顿被苹果砸了头顶、布鲁诺走向刑场这样几则僵死不变的材料。生活是广阔无边的，我们的社会发生着日新月异的变化，新情况、新事件、新人物、新气象不断涌现，应该敏锐地抓住它们。当然，所谓新颖，可以是随新生活、新现象涌现出的新材料，也可以是旧材料被赋予新的意义或从新的角度再次表现。如杨贵妃和唐玄宗的故事，在民间口口相传，但白居易在《长恨歌》中，以新的角度重新加工，亦可称作新颖的材料。说理时，应选择独具个性的典型材料，所谓典型材料就是那些最具说服力、最能反映事物本质、最能证明论点的材料。选用典型材料可以产生少而精、以一当十的效果；缺乏典型材料，论证效果肯定不会好。

最后，应该摆脱语言上的套子。在实际的说理过程中，一些同学长期患有语言上的自我缺失症。第一种情况是入了"大师语言"的套子。比如，因为鲁迅的说理性文章在课本中收录较多，所以一部分同学便喜欢简单刻意地模仿鲁迅说理时惯用的语汇、句式乃至态度与腔调。模仿原本没有什么不对，但许多同学由于缺乏对鲁迅语言深层情感、态度、价值观的真切深入体认，使用时生搬硬套，东施效颦。这样的语言非但没有大师的神韵，反而同时也失却了自己；这样的语言缺失了表达论述的主人，于是便只有语言的躯壳行将就木地摆放在那里。僵死固化在大师的语言模式之下，大师反而成了套子。第二种情况是一部分同学不假思考，喜欢追逐大众媒体或普遍流行性的论说语言。由于缺乏真情实感，言不由衷，文章空话、大话、套话连篇，语言上出现了严重的趋同，仿佛是一家作坊的产品。入"套"之后，众多年青、敏锐、多思善感的同学成了大众传媒公众语言的留声机与传声筒。第三种情况是一部分同学入了"说理腔"的套子。他们片面地认为说理就是处居高临下之势，秉圣人尊贵神圣不可侵犯之态，或盛气凌人，或刻板说教，于是乎面目可憎，拒人千里，手挥大棒，口诛笔伐。殊不知文章是以理服人的，"心悦"才能"诚服"，而非以"厉"服人，让人屈服！

　　套子实际上就是种种现成的模子，没有个性，就会陷入"套子"的泥淖之中。文章是极具创造性极具个性的东西，想写好文章就必须远离种种现成模子的"诱惑"。但是，想要个性化说理，仅仅远离"诱惑"还是不够的，还需"标榜自我"。"标榜自我"就是在设计议论思路与整体结构时要将之与自己的说理个性、天赋相结合。生活中离不开争辩，日常随时随地的操练，使我们具有了说理的个性与天赋。下面我们就着重谈谈这个问题。

（2）个性化说理，就要将议论思路与整体结构和自我说理个性、天赋相结合。

深刻透辟型。如果你认识问题时，善于抓住事物主要矛盾，善于透过现象揭示事物本质，那么你说理时完全可以在入木三分鞭辟入里上尽显风采。

> 生于平庸，死于平庸，是人类最大的悲剧。我们需要对平庸说一声"不"。成功的桂冠，从来就只钟情于那些不安于平庸、冲破桎梏的勇者。

> 我终于明白古人创造夸父逐日道渴而死的神话的意义了。从未有人想过去摘取那天空中可望不可即、光热无限的太阳，而夸父正是不安于平庸的一个，虽然他倒在追日的途中，但谁又能说，他不是成功者呢？他临死抛出的手杖，化为邓林，为后来的追日者庇荫，他成就了一个伟大的神话。

如若为土，为什么不能是山冈？

如若为水，为什么不能是海洋？

如若为树林，为什么不能是白杨？

如若为风景，为什么不能黯淡了所有风光？

迁就平庸，可能会离艰险的急流远一点，但同时，惰性就多一点，冲劲就少一点，成功的希望就渺茫一点。

世界是不完美的，正因为这样，才有无数为追求完美而逃离平庸的先人。

每个人脚下都有一方土，但并非每个人都有一条路。

不再迁就，走向成功，从拒绝平庸开始！

循循善诱型。 具有循循善诱型禀赋的同学往往有大家风范，他们说理时不急不慌不忙不乱，游刃有余，从容不迫。看似平淡随意的论说，却环环相生丝丝入扣，在不知不觉中便将你说得心悦诚服。

当庄周选择"曳尾于涂中"而抛弃庙堂时；

当张狂的阮籍长啸于山间，潇洒的嵇康轻抚《广陵散》，淡泊的陶渊明"不为五斗米折腰"时——

两个重逾千斤的方块字浮出水面：个性。没有个性，怎会有王羲之的《兰亭序》？没有个性，怎会有八大山人的尺幅？没有个性，怎会有"扬州八怪""吴中四士"的神韵？尤其在这个尊重人、注重人性的年代，我们更应该张扬个性。

别开生面型。这是为喜欢求异思维的同学准备的类型。它避开了人们惯常的思维方式与说理角度，或从一个侧面，或由一个点，巧妙切入，让人耳目一新。由于说理别具匠心，人们自然乐意接受。

"林子大了，什么鸟都有。"这句话常常带有一种贬义色彩，意指社会复杂，各种稀奇古怪的事尤其是坏事，也就多了。我看却未必。

林子大了，发挥的空间也就大了；什么鸟都有了，物种也就更丰富了。莺歌燕舞，难道不是一种美好的景象吗？偶有异声，也许正是某种新思想新文化诞生的前音呢。

形象生动型。说理语言一般强调鲜明、准确、概括，但是说理语言形象生动往往更容易取得理想的效果。如果你富于形象思维，擅长譬喻，那么此种类型便是为你而设。

一条河，只有不断吸收身边小溪馈赠的流水，才能惊涛澎湃，奔流不息。一个人又何尝不是这样呢？俗话说：人无完人。那么人要想填补自己的空缺，不断发展自己，完善自己，就必须善于采纳别人的意见。在顺境中，善听可以使你保持冷静的头脑；在逆境中，善听可以使你鼓起奋进的勇气。善听是一座虹桥，会缩短心与心的距离；善听是一扇窗户，会让你发现新的洞天。

旁征博引型。有着很好知识储备的同学在说理时不妨选用此种类型。这样的同学出入经史子集，饱览古今中外，他们在说理时总有一种理直气壮一往无前的气势，让你不得不信，也不由不信。

> 兼听则明，偏信则暗，这已是被无数古今事实证明了的真理。邹忌直言讽谏，齐王悬赏纳谏，齐国得以强盛；王平诚心忠告，马谡固执己见，街亭终致失守；唐太宗任用魏征，开言路，纳直谏，得有贞观之治；朱元璋求教朱升，广积粮，缓称王，建立大明天下；李鼎铭的意见得到采纳，精兵简政，人民拥护；马寅初的理论遭到批判，人口激增，国家受害……这些事例，不都有力地说明了"从善如流"的重要吗？

机巧幽默型。机巧幽默型是为高智商的同学特别打造的。谁喜欢硬生生干巴巴的说理？机巧幽默地说理，往往在读者会心的微笑中，让艰深难解的道理自然流进他们的心田。

我们的杨女士虽然用她的尊脚征服了比利时女人，为国增光，但也有两点"错念"。其一，是我们中国人的确有过尾巴（即辫发）的，缠过小脚的，讨过姨太太的，虽现在也在讨。其二，是杨女士的脚不能代表一切中国女人的脚，正如留学的女生不能代表一切中国的女性一般。留学生大多数是家里有钱，或由政府派遣，为的是将来给家族或国家增光，贫穷和受不到教育的女人怎么能同日而语。所以，虽在现在，其实是缠着小脚，"跑起路来一摇一摆的"女人还不少。（鲁迅《以脚报国》）

警策有力型。将高屋建瓴的智慧与深切饱满的情感高度融合，这样倾吐而出的说理文字，让人警醒，让人心潮起伏。这样的文字往往寥寥数语，却让人警策。

当今世界高速发展，竞争激烈，更需要有才华、有能力、有闯劲的青年。我们当然不能放平心态，心安理得。从某种意义上讲，青年的才华、能力，就孕育在一闯之中！要我们无争吗？请去问问鳞次栉比的摩天大楼，可否退化为石穴和茅屋？要我们平和吗？请去问问怒涛接天的南海海疆，能否遗忘掉民族的英魂？

请相信：闯，才能成功；拼，才有未来。三山五岳高昂的头颅绝不会在新世纪丧气垂头，中华民族炽如烈火的魂魄绝不能在我们这里冷却熄灭！努力啊，伙伴！努力啊，青年！

辩证周密型。此种类型说理不偏激，不绝对，善于把握分寸，虑事周详，不偏废构成事理的任何一个主要因素。此等文字能够对事物做出全面观照，进行客观的分析与公正的评价。

玫瑰有刺，可它终究是一种馥郁芬芳、鲜艳瑰丽的花。置之庭院，庭院因之风雅；置之案头，案头因之增色。当你置身一座优雅、清馨的玫瑰园中，带刺的玫瑰带给你的那份心旷神怡妙不可言。你能因为玫瑰有刺而否认它的美吗？你能因为玫瑰有刺而否认它的价值吗？

发挥自己说理时的个性与天赋，这样便可以让文字依托于自己的个性，喷薄而出。

你的文字属于你！

二、典范

杂的遐想

悠悠中华，五千年的历史与文明孕育出的是楚之辞、汉之赋、唐之诗、宋之词、元之曲等多样性的文化。硕大地球，卷帙浩繁的人类史培育出的是各民族独特的风格：中华民族的朴素与稳健，美利坚的进取与开放，法兰西的热情洋溢……文化的杂陈，民族的杂居，造就了一个复杂而又多样的美丽的蓝色星球。

在我的眼中，杂并不等于杂乱无章，凌乱而没有头绪，它其实是各种观点的产生与并存，各种文明的孕育与生生不息。在杂之中有一种思想的光芒在绽放，在闪烁，这种光芒照亮了我们的生活，照亮了整个人类的发展进步史。

杂，才能体现个性的美丽与独特，才能丰富我们的生活。我们吟咏"朱门酒肉臭，路有冻死骨"之时，凄凉的意境不会使我们消沉，因为我们还有"欲上青天揽明月"的那份潇洒；我们在感受"大江东去，浪淘尽"的豪放之时，还能感受到"不如向、帘儿底下，听人笑语"的缠绵。沉郁顿挫的杜少陵，潇洒放逸的李太白，豪放旷达的苏东坡，优柔缠绵的易安居士，还有那自诩为"才子词人自是白衣卿相"的柳三变……在中华文化史上，他们尽情地显露着各自的真我本色，绽放着各自独特的美丽，他们通过诗文留下的个性之美得以千古不衰，我们也得以在这种纷杂多样的文化环境中享受文化，接受熏陶，熔铸我们各自不同的个性，发展禀赋。

杂，体现了思想的光芒，这种闪烁与包容才有利于沟通，从而取得进步。惠更斯对光的波动性之认识较前人有了突破。而"那些自然与规律仍然在阴暗处，让牛顿来吧"，牛顿提出了光的微粒理论。而爱因斯坦更大胆地揭示了光的波粒二象性……在如此多样的观点中，科学家们通过思想的交融开拓了人类对光的认识之路。而朱熹与张栻两位哲学大师各异的观点，则表现在岳麓书院的会讲场上，两种观点的交锋"三日夜而不能合"，两人会讲推动了不同学派的交流融合。他们各自的理学之路因对方观点的存在而得以拓展。

事实证明："杂"才有利于人类进步。先秦百家争鸣是后世永远仰慕的高峰，而秦始皇焚书坑儒，坑去的是杂而多样的文化，换来的是万马齐喑。庆幸思想僵化的年代终于一去不返了，这是我们的英明与睿智。

泰山不让土壤，故能成其大；河海不择细流，故能就其深。当我们以包罗万有的大海姿态吸引着小河流时，当我们以海纳百川的开放胸怀吸引着多元文化与文明时，我们有理由相信中华民族正孕育着新的崛起。

[评析]

"杂"内涵丰富，意蕴多元，想来便容易使人陷入一片混乱之中，茫无头绪，杂乱无章，这个题目不可谓不"刁钻"。

此篇写来却驾轻就熟，游刃有余。作者对问题认识深刻透辟，故立论拨云见日，朗豁清晰，笔端绝无缠结；作者广泛占有材料，有着较好的文化积淀，故论证充分翔实，鞭辟入里，收放自如。悠悠千年文化，浩浩世界文明，作者深思之，采撷之，明辨之——"当我们以海纳百川的开放胸怀吸引着多元文化与文明时，我们有理由相信中华民族正孕育着新的崛起"。胸藏书卷，心系天下，莽莽苍苍，犹如宗岳，此篇之谓也。

小议个性

如今，随着时代的变化，"个性"似乎成了一个颇有时尚意味的词。个性化的服装，个性化的语言，个性化的服务……总之，凡事都要讲究个性。的确，作为一个独立的个体，每个人都会有其不同于他人的地方，这便被称为个性。

然而，真的只要不同于他人便是个性了吗？许多人是这样认为的，于是他们染花花绿绿的头发，穿奇形怪状的服装，做古怪离奇的事……可是最终他们追求个性的企图还是破灭了，当满大街都是黄头发时，"黄头发"不再是个性了；当到处都是露脐装时，"露脐装"也不再是个性了。于是，他们又去染绿头发……如此往复，从不疲倦，永无止境。这样的个性有意义吗？这样的个性值得张扬吗？

我以为，真正的个性是勇于创造，不是敢于破坏；是弘扬美，不是彰显丑；是坚持真理，不是固守错误；是不随潮流而动，不是疲于跟上潮流。曾经，那些在"文化大革命"当中被下放到农村劳动，在人人都说"读书无用"的时代仍然坚持读书、学习的人，虽然他们衣着千篇一律，但我却觉得，他们是最有个性的人。他们有自己的理想和信念，有比别人更长远的眼光，有走在时代前面的胆识和勇气，这才是个性的最好体现，这才是值得人们弘扬并追求的个性。

如今的社会尊重个性，培养个性，这的确是社会的进步，它体现了社会更大的包容性，只有这样，我们的社会才能更好地发展、前进。然而，仅仅包容是远远不够的，我们还必须创造一个能够正确引导人们去认识个性、培养个性的社会环境。只有多数人能够正确区分"个性"和"怪异"，正确判断什么是值得弘扬的，什么是需要摒弃的，我们的社会才能朝着一个健康而非扭曲的方向发展，真正的个性才得到了最本质的尊重。

让我们每个人都树立正确的个性观，培养健康的个性，只有这样，才能真真正正地活出自己的个性。

[评析]

"个性"是个时髦而又认识芜杂的论题。因其时髦，所以作者先从当今社会诸多的个性化现象引出；由于文章洋溢着新鲜的时代气息，我们刚一展卷，便会被牢牢吸引。因其认识芜杂，故此篇先破后立，先澄清，再树立。在立论的过程中，作者边破边立，句式齐整，语言铿锵，再加之恰到好处的典型事例的点染，中心论点便充分而有力地立起来。接着，作者趁热打铁，再追写一笔如何才能正确培养个性，结尾功德圆满，自然收住。全篇结构严谨，论证清晰，写来犹如沙场宿将，布阵排兵，井然有序，而法度圆熟。

转　折

有转折的风景是美丽的。如黄河般百丈九回的浩荡、密林蜿蜿蜒蜒的神秘、山峰曲曲折折的奇伟，都是转折造就的。更有那"山重水复疑无路，柳暗花明又一村"带来的惊喜与顿悟，也是转折的妙处。

如同奇峰秀景，有转折的人生才是精彩的。转折带给人的不仅仅是生活状态的改变，更有对意志、生命力和对真理认知的考验。中华五千年的文明，就是由无数个转折谱写的。中华五千年的多少英魂，就是由无数转折造就的。

司马迁握着那杆沉甸甸的史笔走来。他那依然矫健的身姿，依然从容的步履，丝毫没有那次人生转折带来的苦痛。他轻轻耳语："是转折赐予了我勇气。"有些惊讶。那种肉体的折磨和精神的屈辱竟没能在他身上留下一点痕迹？不，留下了，留下了灿烂辉煌的第一部纪传体通史。我明白了，如若没有转折，司马迁恐怕还不知道自己修史的决心竟有如此之大，是转折赐予了他执着。转折是如此神奇。

孔明轻摇羽扇翩然而出。他的眼神有些许凄凉又有些许期望。那三顾茅庐后的出山究竟是对是错，到底给他留下了什么？先生喃喃自语："转折，赋予了我真正的价值。"难道不是？如若没有那次最重大的决定，中国历史上恐怕留不下这位南阳隐士的名字，还会遗失许多扣人心弦、惊心动魄。转折，给了孔明价值，也给了历史光彩。

曹雪芹踽踽独行，在他身后树起的是一座文学的丰碑。这座丰碑上有重重的一笔，刻画出了他人生最大的转折——从富家少年到潦倒文人。这个转折，对于他来说，是一个机遇，使他创作了文学史上的名著，也使他经历了数不清的辛酸与苦楚。然而，听，他说感激命运的转折送给他生命的礼物《红楼梦》。不可思议？不，这正说明曹雪芹以伟人的姿态体味出转折的价值。

人生如同一张白纸，平平淡淡便有如黑灰，安安静静则索然无味。而每个转折便如同绚烂的色彩，它会带来耀目的金黄，也会带来炽烈的殷红。但我想，我们宁可选择转折，因为我们愿让生命多姿多彩。须知，充满转折的生命就如同充满转折的风景，一般美丽。

[评析]

说理的文字怎可无情！司马迁、诸葛亮、曹雪芹，这三个在人生的转折中展现出生命绝妙风景的人，哪一个不是从小作者的心脉中矗立而出的呢？他们辗转的步履中，哪一个不带着小作者的崇敬与赞美呢？说理的文字怎可无趣！司马迁握笔而来，诸葛亮摇扇而来，曹雪芹踽踽独行，步态不同，活法各异，但他们人生的要义却都离不开一个"转"字。说理的文字怎可无文！从首段的类比铺排，到后文各段的辞采纷呈，无一处不使我们联想到西汉那位慨然陈词情感激越满腹珠玑写《过秦论》的书生。

高山·沙粒

有位名人曾经说过这样一句话："使人疲倦的不是远方的高山，而往往是鞋里的一粒沙子。在人生的道路上，我们很有必要学会随时倒出鞋里的那颗小沙粒。"这句话中的小沙粒与高山相比简直微乎其微，但我想这句话的寓意是：要实现那个远大的理想，乐于做小事，善于做小事，是一个重要条件。若我们在路上没有倒出那颗小沙粒，恐怕还没到山脚下，脚已布满血泡。这时的你，恐怕也只能心有余而力不足了吧！

古人云："一屋不扫，何以扫天下？"我想这两句话是如出一辙的。很明显，不扫屋，是不可能扫天下的。也就是说，既要胸怀"扫天下"的决心，又要有"扫一屋"的耐心。这样，才可以成就大事业。

有一次英国作家王尔德举行宴会，到齐的客人等了很久，才见他匆匆走出来。客人们问他这么久的时间在干什么，他说："我做了一件极其重要的工作，我删去了一个逗号，但后来觉得不妥，又把它加上了。"众人面面相觑，目瞪口呆。对此，我们除了钦佩，更应想到做小事的重要性。

爱因斯坦曾说过："凡是在小事上对真理持轻率态度的人，在大事上也是不足信任的。"在现代社会中，我们曾听说过这样的事：一位厂家的负责人领外商参观厂房时，随意吐了口痰，结果外商扭头就走，差不多谈成的生意就这样告吹了。为何呢？外商说得很清楚："作为企业的核心人物，在自己的厂房里竟然公开吐痰，可见整个企业的人员素质和管理水平。他们的产品再好，我们也没兴趣合作。"

滴水映世界，一件小事往往可以反映出一个人、一个集体乃至整个民族的情况。因此，我们对小事应有足够的重视。

古人讲：修身、齐家、治国而后平天下。我想这个顺序是不能变的。因为只有在"独善其身"之后，才可能实现"兼济天下"的理想。现在有些人往往是"小事不愿做，大事做不来"。怨天尤人、孤芳自赏，却常常抱着"成大事"的幻想。看来，只见远方之山、不见鞋中之沙者，大有人在。这些人"不除鞋中沙，要平万方土"的壮志，只是空中楼阁，画饼充饥。我们要引以为戒，应脚踏实地，从小事做起，从而实现远大的理想。

［评析］

论据的典型充分对说理性文字有着关键性的作用，此一篇在这方面有着突出的表现。大作家王尔德大宴宾客，自己却久未出现，原来只为改回一个删错的逗号，著作等身的大作家不肯轻易放过、不敢丝毫马虎的竟是此等小事，此例一出，"小事不为，大事难成"的中心论点便如高峰巨峦一般无可置疑地矗立于读者的面前。此外，本篇论证层次严密清晰：先剖析名言，然后自然生成观点，继而再以中国古语、王尔德改标点、爱因斯坦的话以及一位误失商机的企业领导的例子加强论证，最后小中见大，得出令人信服的结论。语言干净利落而又不失形象性与文学性。

三、体验

请就以下三个题目写议论文。

[题目1]

　　有一个孩子，伸手到一个装满榛果的瓶子里，尽其所能地抓了一把榛果，当他把手收回来时，手被瓶口卡住了。他既不愿意放弃榛果，又不能把手缩回来，急得大哭。旁边一个人劝他说："你知足些吧，只拿一半，让你的拳头缩小一些，你的手就很容易从瓶子里出来了。"

　　对此你有怎样的想法？请联系实际，自选角度，自拟题目，写一篇不少于800字的议论文。

[题目2]

　　火药的发明，原子裂变和核聚变的发现，乃至克隆技术的诞生，每次科学技术上的新突破都极大地推动了人类社会的进步，同时也给人类带来了一定的困扰，甚至灾难。

科技发展给人类带来的影响，你是如何看待的。试写一篇不少于 800 字的议论文，发表一下你的看法。

[题目 3]

阅读下面这首寓言诗，自选角度，自拟题目，联系社会实际，写一篇不少于 800 字的议论文。

树叶与树根

一个晴朗的夏天，

树叶把自己的绿荫撒向大地，

在树枝上，它们高谈阔论。

极力夸耀自己。

"这也应该对我们说声谢谢，"

从地下发出温和的声音。

"是谁说话，竟然这样傲慢无理！"

树叶吵吵嚷嚷，大发脾气。

"是我们，"

地底下的声音回答，

"是深深埋在黑土中的

——树根。"

高考重点突破阶段，作文的核心提升

高考复习备考，要经历两个关键阶段。其一，高三开学到来年1月，这是全面铺开阶段。这个阶段要对高考的各考点依次进行全面滚动复习，是以各区的期末考试为最终检测与结束标志的。其二，来年3月至5月底，这是重点突破阶段。这一时期要对高考复习备考中已经暴露的薄弱点进行重点突破，特别要注重对自身读写能力的提升。几次模拟考是这一时期自身学习状况的重要检测。

作文水平的有效提升，一直是高考语文备考中的难点和重点。在重点突破阶段，作文的核心提升表现在审题与写作中，对一些重要、复杂的关系的驾驭与把控上。写作，是经营的艺术；写作，便要巧于安排。"安排处"便是匠心之所在，便是文章魂魄之所在。在这些安排中，最精妙、最有难度的是对写作中涉及的一些<u>重要、复杂</u>的关系的把握与处理。写作，是个动态的系统。这种动态体现在对复杂关系的认识、协调、平衡上。认识、协调、平衡好复杂关系，是作文实现突破、获取高分的一条必由之路。下面我从六个方面对此详尽分析。

一、界定与展开——审题篇

在审题中，如果题目的核心集中在一个蕴意丰富、抽象而模糊的概念（形象）上时，一定要关注：命题者对它有无界定，是怎样界定的；命题者在阐释核心概念的基础上，有无对其拓展，是在哪些方面拓展的。

请看下面几个例子。题干中的标注是笔者加的。

[例1]

许多城市有能代表其文化特征并具有传承价值的事物，这些事物可以称作该城市的符号。（解说中心概念）//故宫、四合院是北京的符号（典型建筑），天桥的杂耍、胡同小贩的吆喝是北京的符号（非物质文化遗产），琉璃厂的书画、老舍的作品是北京的符号（艺术），王府井商业街、中关村科技园是北京的符号（标志北京新发展）……（举例解说开启思路）//随

着时代的发展，今后还会不断涌现出新的北京符号。（引导想象未来）

保留以往的符号、创造新的符号，是北京人的心愿。

对此，请以"北京的符号"为题，写一篇文章，谈谈你的感受或看法。除诗歌外，文体不限，不少于800字。

命题第一段可以分为三个层次。第一层次是解说核心概念，依据命题文字，"城市的符号"可定义为：城市中能代表其文化特征并具有传承价值的那些事物。这是命题者对"城市的符号"的核心界定。把握住这一界定，考生才可以恰切地在命题题旨要求的范畴之内写作，才能知道自己的文章可以驰纵升腾到哪些方面。第二层次是命题者在阐发核心概念之后，分类举例，解说这些"北京的符号"，以开启考生的思路。故宫、四合院是典型建筑的符号，天桥的杂耍、胡同小贩的吆喝是非物质文化遗产的符号，琉璃厂的书画、老舍的作品是艺术的符号，王府井商业街、中关村科技园是标志北京新发展的符号。省略号凝聚着命题者在有限举例的基础上希望考生进行无尽创造的愿望。第三层次，命题者以"随着时代的发展，今后还会不断涌现出新的北京符号"一句，引导考生充分地去想象北京未来的"符号"。

命题第二段"保留以往的符号"照应第一段省略号之前的内容，"创造新的符号"照应第一段中最后一句话。所以，命题第二段是对第一段内容的总结与概括。

命题第三段是具体的写作要求。一位考生如果能把命题者的"界定"与"展开"清晰把握至此，那么他的文章便可做到攻守自如游刃有余。如果"守"为上，尽可在命题者的举例之内筛选把握"符号"，其间天地很宽广；如果"守"中的内容还不足以配合考生个性化的要求，那么，考生尽可以"攻"为上，在省略号的部分大展宏图，这里当然有更宏大的天地。然而，"守"是"攻"的基础，考生要想把思路充分展开，形成个性化、别具一格的创作，必须得清晰准确地把握命题者界定与展开的思路与层次。不明界定与展开的思路与层次，便匆忙开始写作，是许多考生考场作文失利的一个重要原因。

[例2]

时尚表现为服饰、语言、文艺等方面的新奇事物在一定时期内的模仿和流传。（时尚的基本定义）各种时尚层出不穷，其间美与丑、雅与俗、好与坏，交错杂陈。（时尚的复杂性与冲突性）创新与模仿永不停息地互动，有些时尚如过眼云烟，有些时尚会沉淀为经典。（发动时尚的两种方式与时尚的最终

结果)

请以"品味时尚"为题写一篇不少于 800 字的文章。

要求：①角度自选；②立意自定；③除诗歌外，文体自选。

命题第一段中的第一句话是对"时尚"内涵的基本界定。"服饰、语言、文艺等方面的新奇事物"是时尚呈现的主要内容，"模仿和流传"是时尚呈现的主要方式。命题第一段中第二、三两句话主要是激发考生对时尚的思考。第二句"各种时尚层出不穷，其间美与丑、雅与俗、好与坏，交错杂陈"，重在阐释时尚的复杂性与冲突性。第三句"创新与模仿永不停息地互动，有些时尚如过眼云烟，有些时尚会沉淀为经典"，重在阐释时尚的最终结果，同时也引出对时尚与经典关系的思考。"创新与模仿永不停息地互动"重在阐释促成时尚转化（过眼云烟—沉淀为经典）的条件。一味模仿，时尚只能是"过眼云烟"；懂得创新，时尚会"沉淀为经典"。命题第一段寥寥数语，其实层次和信息是非常丰富的。第一句的界定，让考生把握了写作的基本范畴。第二句与第三句围绕第一句对时尚进行了多角度多层次的展开与揭示，激发考生对时尚进行多重思考。

把握了命题的界定与展开，"时尚"可做如下一些角度的"品味"。

①评析"坏"的时尚。

②评析"好"的时尚。

③评析时尚的复杂性或冲突性或和谐性。

④评析时尚与经典的关系。

⑤评析时尚转化的条件。

…………

下面是一篇考场作文的开篇：

> 提起时尚，人们往往会把它与眼下正流行的网络歌曲、"80后"作家等一批新兴概念联系起来。而说到经典，人们又多会想起《白毛女》《红楼梦》这些昔日的流行。那么，从时尚到经典，究竟要走多少路程呢？它们又是否矛盾呢？

此篇显然在评析时尚与经典之关系，论述在命题可写的范畴之内。

由此可见，命题中"界定"是为了明确抽象概念，"展开"是为了促发考生的相关思考。一位优秀的考生把握了"界定"则不会跑题，理解了"展开"则便于展开个性。

二、界定与展开——写作篇

写作中，如果文中关涉蕴意丰富、抽象且模糊的重要概念（形象）时，一定要注意界定其在本文中的基本含义。在表现形式上，可以界定后再展开内容，也可以一边展开内容一边进行界定。这类文章切忌不加界定，不加明确，便匆匆展开全文。有了界定，文中之"意"才会明确，考生依据此"意"才可快速准确择取材料，构建写作层次……如果文意尚且不明，甚至还处混沌中，那么文内具体内容的安排，特别是细节的处理一定会有问题；弄不好，全文还会含混庞杂，不知所云。

请看下面几个例子。题干中的标注是笔者加的。

[例1]

"杂"的含义很多，有褒有贬。请联系生活或科学、文化、艺术等方面，以"杂"为话题，自选角度，自拟题目，写一篇800字左右的文章。除诗歌外，文体不限。

"杂"的内涵很广，从字义上看，"杂"有颜色不纯之意，也有混合、聚集等意。日常以"杂"字开头的词语，中性的有

"杂技""杂志"等，贬义的有"杂七杂八""杂乱"等，褒义的有"杂交水稻""杂家"等。写这样的文章，一定不可省去"界定"。

在我的眼中，[杂]并不等于杂乱无章，凌乱而没有头绪，[它]其实是各种观点的产生与并存，各种文明的孕育与生生不息。在"杂"之中有一种思想的光芒在绽放，在闪烁，这种光芒照亮了我们的生活，照亮了整个人类的发展进步史。

这是考生文章篇首的一段话，文中"杂并不等于……它其实是……"，是"界定"也是"正名"。"杂"的内涵清楚了，紧接着文章便从"杂，才能体现个性的美丽与独特，才能丰富我们的生活"以及"杂，体现了思想的光芒，在这种闪烁与包容中才有利沟通，从而取得进步"两方面展开全文，对"杂"进行了更充分的认识。

一个优秀考生思维的准确性、思考的深入性，甚至对事物形象性的准确把握，主要是靠"界定"来体现的。

[例2]

阅读下面的文字，按要求写一篇不少于800字的文章。

三个人走进商店。一个人买了一瓶果汁，说："我喜欢甜的。"一个人买了一杯咖啡，说："我就喜欢这又苦又甜的滋味。"还有一个人买了一瓶矿泉水后说："我喜欢淡淡的矿泉水。"

要求：选择一个角度构思作文，自定立意，自选文体，自拟标题；不要脱离材料内容及含义的范围，不要套作，不得抄袭。

文章可整体立意，亦可就三个人的话分别立意。无论怎样立意，都摆脱不了对"甜""又苦又甜""淡淡"内涵的界定。"界定"才能"赋予"，赋予了有意味的含义，文章才能有效地展开。

味道是每个人独有的记号。迷恋于果汁的 香 甜，那是对青春味道的追寻；沉溺于咖啡的 苦涩 ，那是对逆境的憬悟；执着于泉水的 恬淡 ，那是对江南的难以释怀。而我，正是陷入江南的霏霏烟雨中难以自拔的人。

"是"是表界定的关键词语。作者就"甜""苦涩""恬淡"分别界定含义，特别是对矿泉水"恬淡"的界定，自然地引带到对江南的感触上，可谓巧妙之至。接着，作者以"恬淡"为核心，对文章进行了三部分的展开：①"呷上一口淡淡的矿泉水，江南的味道便在舌尖荡漾，……这就是江南的味道，淡淡的，沁人心脾的安定的力量"；②"唇齿依恋着这毫不张扬的奇妙感受，大口而爽快地再喝上口矿泉水，那种淋漓畅快的感觉亦不破坏江南甜美的味道，……这就是江南的味道，甘醇的，舒展了紧张的神经"；③"凭着对泉水的依恋，将杯中的水一饮而尽，那般洒脱与大气更是江南豪情的历史味道，……这就是江南的味道，如泉水般直接，爽快"。可见，界定准确独到，展开才能自然巧妙。

三、形象与本质——审题篇

近些年，高考作文命题中，富含"形象"的题目十分常见。形象往往具有模糊性和多义性，把握题目形象，确定形象的内涵与实质，是这类题目审题的难点。

请看下面几个例子。

[例1]

请以"踮起脚尖"为题目，写一篇不少于800字的议论文或记叙文。

"踮起脚尖"是一个看似平易、实则富含隐喻和启发的动作。文章的立意要从理解这个动作开始。考生可以从肯定与否定两方面把握这一形象的意义。就肯定的角度而言,"踮起脚尖"是"尽力",是"渴求",是"期盼",是"关爱",是"扩大视野",是"再努力一步",是"极力追求"……从否定的角度看,无论怎样"踮起脚尖"都无法看到更远的景象,只有登高方可博见;有时在原地"踮起脚尖",不如向前勇敢地跨出几步;"踮起脚尖"增加不了多少高度,求发展就得有切实的改变;"踮起脚尖"有时只是慕虚荣……在审题中,驾驭好形象,就会为思路展开丰富的深度与广度,同时也会为考生个性化选择留下广阔空间。

[例 2]

请以"春来草自青"为话题,写一篇不少于 800 字的文章。

要求:①自拟题目;②自定立意;③除诗歌外,文体不限;④文体特征鲜明。

文题虽只短短一句话,却含有三个形象:春,草,青。写作的主旨实际上是在对这三个形象彼此关系和谐把握的基础上

产生的。"春"是"青"的条件、机遇，"青"是"春"的结果、状态。在中国文化中，"春""青"都是良性、蓬勃的形象，因此，如果这两个关键字被赋予了"恶性"意义，便是不妥当的。"春"与"青"强调的是一个变化的过程；"草"是变化的对象，是文题的主体。"草"变"青"，显性的条件是"春"的降临；而隐性的条件则是"草"要有草的生命和精神，才能最终实现"自青"，"自青"是不需人为干涉的。基于这样的认识，协调不同的侧重点，该文的一些基本思路举隅如是：

①"春来草自青"，任何自然规律、历史规律都是奔腾向前，不容抗拒的，或许可一时得逞，但终究会败亡。（侧重在"不可抗拒"上）

②事物有其发生、发展的自然规律，不要过多人为干涉，条件一旦成熟，"春天"一旦降临，"草儿"自会"泛青"，情况就会得到好转。（侧重在"人为干涉"上）

③面对险恶的环境，我们该像"草儿"一般，深深扎根，抓牢土地。这样一旦"春"临，自然就会冲破严寒，青青葱葱，充满生机。（侧重在"草"的努力上）

④"春来"，"草"自然而然便会"青"；"环境""机遇"等条件至关重要。人们应该在"春来"上多着力，而不能只是

一厢情愿地希望"草"去"青";条件不成熟,纵使主观努力,
终是枉然。(侧重在"春来"这个条件上)

⑤ "春来草自青"是一幅蓬勃、富有生机的春景图,也是
一张富含人生启迪意义与生命哲思的隽永画幅,可给人类多方
启示。(侧重在图画本身及其对人的启发上)

···········

孩子,小草在成熟过程中除了需要阳光的福泽,雨露
的滋养,泥土的爱抚,还必须有袭来的阵阵暖意,那是一
个全面复苏的季节——春天。唯有那时,你这株小草才
会充满生机活力,焕发绿色的生命光彩。到那时,我们会
松开你的手,把你的手放心地交给另一个人,让你走剩下
的路。但,不是现在,原因很简单,属于你的春天还没有
到,在这个季节,要做的是其他该做好的事。

文中,小作者用"唯有那时……才……"强调"春来"这
个条件的重要性。将"春""草""青"三个形象准确巧妙地分
解、寄予在"早恋"这个话题上,语重情遥,意境深远。

此外,"我有一双隐形的翅膀""弯道超越""绿叶对根的
情意""细雨闲花""小林漫画"等均是富含形象的高考作文
题,审题立意的重难点均在透过形象把握本质上。

四、形象与本质——写作篇

"半亩方塘一鉴开，天光云影共徘徊。问渠哪得清如许，为有源头活水来。"朱子借助一溪活水将日学日新的大道讲得水盈盈、活泼泼，千古流传。写作时，巧妙准确地借助"形象"，或将形象化的语句置于议论性的语句之间，避开枯涩、抽象、空泛的说理议论，整篇文章会显得晓畅透辟，波光流转。

请看下面几个例子。题干中的标注是笔者加的。

[例1]

时尚表现为服饰、语言、文艺等方面的新奇事物在一定时期内的模仿和流传。（"时尚"内涵抽象丰富）各种时尚层出不穷，其间美与丑、雅与俗、好与坏，交错杂陈。（内容变化错杂）创新与模仿永不停息地互动，有些时尚如过眼云烟，有些时尚会沉淀为经典。（衍生过程以及最终结果曲折多变）

请以"品味时尚"为题，写一篇不少于800字的文章。

要求：①角度自选；②立意自定；③除诗歌外，文体自选。

我们在前边已分析过这个作文题。考场中，在有限的时间内，对这般抽象复杂的论题展开认识与评价，使得全文不枝不蔓、不枯不涩、透辟灵转，确非易事。一位考生全篇借助鲁迅先生笔下的九斤老太横生妙趣，表述观点：

> "一代不如一代！"九斤老太愤愤地小声嘀咕着，一边不自觉地又朝右边小木椅上忘我拥吻的情侣瞥了一眼，便像犯了罪似的收回了目光。
>
> 伊眼见着街头闪烁的标语——"情侣街，品味衣，品味时尚，有爱大声喊出来"，吓了一大跳，慌忙朝出口走去，喃喃道："品味啥时尚？我们那时啊，挑开盖头才知道新娘啥模样啊！真是一代不如一代！"

这是文章的第一部分，此后作者又从不同的方面，写了其余两部分，三部分合在一起，充分借助九斤老太的形象表现出旧事物与时尚的种种冲突。第四部分，峰回路转，九斤老太喜欢的种种旧事物又转化为新的时尚。作者全篇借九斤老太的形象，综合表达了旧事物与新时尚既对立又统一的观点。观点表述不生涩不干枯，形象自然，是此文最大的优势。

[例2]

目前中国读书的人越来越少，造成这个现象的原因是多方面的。现在的人为什么不读书？中年人说没时间，青年人说不习惯，还有的人说买不起书。相反在网上阅读的人越来越多。

请根据材料选择一个侧面或一个角度，自己确定立意、题目和文体，写一篇文章，字数不少于 800 字。

这显然是一个没什么趣味的话题。面对这样的论题，多少考生笔头生涩、举步维艰，文章空洞乏味、冗长拖沓在所难免。然而，有的考生却可做到议论明白晓畅，饶有趣味。试看下面一段：

图书阅读，使心境如一块一尘不染的水晶、一泓澄澈可鉴的池水时，心灵这张"白纸"上，才最容易留下清晰的知识"图画"，留下深刻的思维"轨迹"……两种阅读方式各有利弊。我以为：若在专业上深入研究，宜阅读图书，在慢慢咀嚼中探索精髓，洞明要义，以期登临那无限风光的险峰；如果广泛涉猎，或获取文化知识快餐，则可在网上搜寻，在页面迅速变换中，浏览奇峰异石、花鸟草虫，以便达到"千帆尽收眼底""五音皆萦耳畔"的目的。

此段议论的优长在于：在严正的议论中不时出现恰切的形

象。为了讲明图书阅读可使人专注的道理，作者借用了一方水晶、一泓池水的形象，抽象复杂的道理似乎变得晶莹剔透，水波荡漾，闪耀于读者的心底，让人愉悦地接受了。在比较图书阅读与网上阅读之不同以及各自利弊时，作者又连用几个譬喻，无论是去登临那无限风光的险峰，还是去博览大千，纵情享受"千帆尽收眼底""五音皆萦耳畔"的妙境，作者的观点已然妙寓其间，读者也已自然领悟。

五、事件与开掘——审题篇

请看下面几个例子。题干中的标注是笔者加的。

[例1]

课堂上，老师说："今天我们来做个小实验。"随后，他拿出一个装满石块的玻璃广口瓶，放在讲台上，问道："瓶子满了吗？"所有学生答："满了！""真的？"老师从桌下拿出一小桶沙子，慢慢倒进去，填满石块的间隙。"满了吗？"学生们若有所思。老师又拿来一壶水倒了进去，直到水面与瓶口持平。"这个实验说明了什么？"老师问道。课堂活跃起来。（核心事件：填充广口瓶）

一个学生说："很多事情看起来到达了极限，实际上还存在很大空间。"

一个学生说："顺序很重要。先放这桶沙子，有些石块肯定就放不进去了。"

一个学生说："对，得先放石块。有些分量重的东西就得优先安排。"

一个学生说："也不一定，先放沙子和水就一定不行吗？"

……（对事件的多重开掘）

请就以上材料，展开联想，自定角度，写一篇文章。题目自拟，文体自选，除诗歌外，不少于800字。（具体写作要求）

这一类命题的核心模式是"核心事件＋开掘"。此篇的"核心事件"是"填充广口瓶"。"一个学生说"是在分角度分层次对"事件"进行开掘。材料中的省略号表明，命题者希望通过以上这些开掘，进一步开启考生思路，希望通过有限的开掘，展示事件无限的丰富。考场上，考生充分利用命题者对事件开掘之举例，从中择取，便可适当降低审题难度；如若命题者对事件的开掘，不能满足考生个性化的需要，考生可充分利用题干中的省略号，创设自我特色。

沙子填充石块的缝隙，而水又注入沙子的空隙，这样它们三位一体成就了一个坚固的实体。这个实体不会被分裂势力所消化，如鲠骨卡在一切恶势力的咽喉。它是如此团结，而又在石块、沙还有水的不断变位中凝聚，这全应归功于石块、沙还有水据各自特点有机结合，这就是一个强大民族的比重。……没错，<u>一个民族的比重就是如此：英雄伟人是骨，杰出人才是肉，普通百姓是血。这正如装满石块、沙土、水的瓶子，一旦凝结，将坚不可摧</u>！

这位考生强调的是石块、沙土、水三者的关系，立意的范畴在题干的省略号之内。将石块、沙土、水三者分喻为英雄伟人、杰出人才、普通百姓，独立开掘出三者一旦凝结，整个民族必将坚不可摧的结论。能将此三物彼此关联，已属难能；在这个基础之上，又有对事件如此大气之开掘，那便更为了不起。此等立意，既切合题旨，又别具一格，确属上乘。

［例2］

兔子是历届小动物运动会的短跑冠军，可是它不会游泳。一次兔子被狼追到河边，差点被抓住。动物管理局为了小动物的全面发展，将小兔子送进游泳培训班，同班的还有小狗、小龟和小松鼠等。小狗、小龟学会游泳，又多了一种本领，心里很高兴；小兔子和小松鼠花了好长时间都没学会，很苦恼。培训班教练野鸭说："我两条腿都能游，你们四条腿还不能游？成功的 90％ 来自汗水。加油！呷呷！"

评论家青蛙大发感慨："兔子擅长的是奔跑！为什么只是针对弱点训练而不发展特长呢？"思想家仙鹤说："生存需要的本领不止一种呀！兔子学不了游泳就学打洞，松鼠学不了游泳就学爬树嘛。"

要求选准角度，明确立意，自选文体，自拟标题；不要脱离材料内容及含义的范围作文，不要套作，不得抄袭。

题干总文字达三百余言，寓言故事中涉及多个动物、多个角度。如何在这纷繁复杂中审题立意呢？主要在于两个把握：其一，找到核心事件以及核心事件中的主要人物；其二，找到对核心事件评价开掘的基本角度。对核心事件，先看题干有无明确的开掘，再看有无倾向、有怎样的倾向。

依据这两个把握，首先，我们不难找到核心事件：小兔子、小狗等动物学游泳。认识此核心事件的基本角度及对其相应产生的评价，可以多角度开掘。在前面的文章中，笔者已展示过可开掘的基本角度和据基本角度整合的新角度。

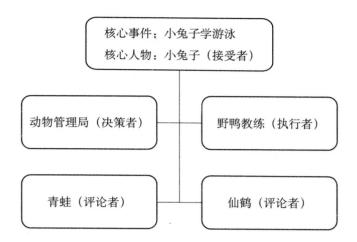

我们来看学生如何选择论述角度。

张爱玲如果不在她的空灵凝重上延续生命，哪里会有茉莉香片的摄人心魂？鲁迅若不从犀利的笔锋上挖掘更亮的色彩，哪里会有一支笔打出一个天下的奇迹？

没有优点与缺陷的共存，短跑健将兔子也将失去生命的价值，成功背后不是只有盲目的努力！

勇敢地认识自己，扬长避短，并非回避人生的幽暗，更不意味着否定全面发展，而是对生的价值更为清晰的诠释！

伸出你的手掌，看，那参差而又美丽的五指！造化恒久的神奇。何不用这和谐的五指弹奏出世间最富魅力的乐曲！

这篇文章显然是从评论家青蛙的角度去立意的。文中择取了张爱玲、鲁迅的事例,在此基础上,又注意联系了材料中的主人公"小兔子",进而一并开掘,得出结论:"勇敢地认识自己,扬长避短"。最后用"参差而美丽的五指",准确而形象地再度申明观点。

这类文题,无论所给材料有多繁杂,内里一定埋着一个核心事件。将这个核心事件明晰后,再去理清围绕这一核心事件命题者做了哪些角度的评价与开掘,这些角度与开掘是否还可做进一步整合。把握住这个思维过程,无论材料中头绪多么繁多,考生都可成功审题,选出契合自己个性特点的立意。

六、事件与开掘——写作篇

在写作中,"事件与开掘"表现在两方面。

首先,"事件"发生在题干中。

[例1]

今年 3 月 25 日,在国人的强烈反对声中,佳士得拍卖行仍将圆明园非法流失的兔首、鼠首铜像在巴黎拍卖。某艺术公司总经理蔡铭超高价拍下这两件文物,但事后拒绝付款,造成流拍。

对此，舆论一片哗然。有人称其为民族英雄，有人认为这是恶意破坏规则，还有人认为……

你对蔡铭超的行为有什么看法？请据此写一篇文章。

此篇文章的限定性很强。文体限定，只可写议论文。角度限定，一般材料作文可以从材料中提炼出多个观点，然后选择自己熟悉的观点成文。而面对这道作文题，考生则必须就蔡铭超的行为谈看法，如果另设观点，将蔡铭超的行为当作论据，就不符合题意要求了。限定如此严密，然而这个题目依然有很大的开放性。其开放性就表现在对蔡铭超行为的评价与开掘上。评价与开掘可以是多方面的：可以认为蔡铭超是民族英雄，如《一个商人的中国心》《并未流失的精神》《另一种民族气节》《侠之大者》等；可以认为蔡铭超未必是民族英雄，如《爱国不是哗众取宠》《化爱国之心为爱国之举》等；可以认为蔡铭超的行为是恶意破坏规则，如《爱国需要理性》《岂可以失信为代价》等；也可以认为蔡铭超的行为未必是破坏规则，如《绝不为罪恶买单》《谁定的规则》《织出"智斗"的那抹云霞》等；还可以将蔡铭超的行为开掘为动机可嘉、方法不当，如《深陷迷途的爱国激情》《爱国情可贵，诚信不可抛》《为情感加上理智的阀门》《合情也要合理》……此篇写作的重点在

两方面：其一，把握事件，就事件本身展开议论，不可另设观点，将事件只当作论据使用；其二，对事件开掘得越充分，写作中择选论点的余裕便越大，就越容易成就写作个性。

　　悲哉！竟然有人认为蔡铭超的行为是恶意破坏规则！如果说蔡铭超的行为也要被社会舆论攻击，那么，社会的公理何在？……只有用智慧去破坏那些所谓的规则，才能维护我国的荣誉和利益。……莫让"规则"迷人眼。用我们的智慧，为我们的生存发展赢得应有的权益与尊严，构建一个更加美好的世界！

作者在对事件的正面把握中进行开掘，独辟蹊径，见解卓异，凸显个性，认为蔡铭超以智慧的方式阻止国宝被他人买走，这样的行为并非破坏规则，读后给人留下深刻印象。

其次，"事件"发生在写作的材料中。

[例2]

　　生活中有许多故事。你也许是故事的亲历者，也许是故事的倾听者，也许是故事的评说者……故事让你感动，故事给你启迪，你在故事中思考，在故事中成长。请以"我与故事"为题作文。

　　这类文题写作的重难点有二：其一，要将故事的主要内容提炼后，巧妙安插在行文之中；其二，要对文内故事进行精要独到的开掘，要为"故事"点亮眼睛。

　　我们曾经<u>在女娲补天的波澜壮阔里瞥见那人身蛇尾的女子奋力地举起补天石，用一种母性的光辉照亮了苍茫的大地；我们曾经在精卫填海的执着不悔里望见一只美丽的鸟儿锲而不舍地把石子投入无边的大海，用执着与坚守书写一首传奇的歌谣</u>……故事里承载的是一个民族对民族精神的一种诠释、一种描述。我们的祖辈把它们口口相传，尽管经历了千百年，但是它们至今仍然在传递中。<u>传递的不只是一个故事、一个从来没有的事，更是一种精神、一种心灵的启示</u>。

　　在这段文字中，作者列举了"女娲补天""精卫填海"两个故事。从女娲补天中，作者见出了可以照亮大地的"母性光辉"；在精卫填海中，作者见出了"锲而不舍"和"执着与坚守"。在对这两个故事理解的基础上，作者进一步开掘故事的意义，为故事点亮眼睛："故事里承载的是一个民族对民族精神的一种诠释、一种描述"，传递的是"一种精神、一种心灵的启示"。这段行文中，有故事，有开掘，因此它是扣合题旨的好文字。

[**例3**]

以"说'安'"为题作文。

"安"字含有安定、安全、安宁、安逸以及"安于……"等意思。要求自行选定角度，写一篇议论文，字数不少于800字。

"安"字有很多含义，其中之一便是"安逸"，"安逸"其实是很多人追求的一种生活态度。

佛祖释迦牟尼放弃自己王子的奢侈生活，宁愿漂泊于世，苦求真理。最后终于在菩提树下大彻大悟，得到完善。他所追求的，就是一种安逸。这样的安逸不等同于安于现状，而是他在艰难的自我否定与自我升华中寻得的。这样的安逸也不等同于安乐。他在找到完善的自我之后，并不满足于此，而是行走四方、普度众生。因此，安逸，是找到真理后内心的平静，是修行自我后无私的奉献。

陶渊明抛下尘世的功名利禄而归隐田园。无论是他曾幻想的武陵桃花源，还是他自己所经营的"草屋八九间"，他都在追求一种安逸。他"不为五斗米折腰"，是不想让物质的铜臭味破坏他心中的圣境。他的这份安逸，有别于一些人的逍遥快乐，有别于一些人的事不干己，而是希望回归农村的质朴、纯洁，回归人类本性的善良与自然。

"安"的内涵很丰富，这篇选择的是"说安逸"。在人们惯常的理解中，"安逸"是贬义的，是要摆脱与舍弃的。因此，这篇文章在"释迦牟尼"与"陶渊明"两个事件之下，都对"安逸"进行了不同流俗的"开掘"。文中"不等同于……而是""有别于……而是"这种句式的使用，皆是基于这样的考虑与需要。

图书在版编目（CIP）数据

连老师的写作课．用第二支笔写作／连中国著．--
北京：中国人民大学出版社，2024.4
　ISBN 978-7-300-32612-2

　Ⅰ.①连… Ⅱ.①连… Ⅲ.①作文课－中学－教学参
考资料 Ⅳ.①G634.343

中国国家版本馆 CIP 数据核字（2024）第 051180 号

连老师的写作课
用第二支笔写作
连中国　著
Lian Laoshi de Xiezuoke

出版发行	中国人民大学出版社	
社　　址	北京中关村大街 31 号	**邮政编码**　100080
电　　话	010 - 62511242（总编室）	010 - 62511770（质管部）
	010 - 82501766（邮购部）	010 - 62514148（门市部）
	010 - 62515195（发行公司）	010 - 62515275（盗版举报）
网　　址	http://www.crup.com.cn	
经　　销	新华书店	
印　　刷	涿州市星河印刷有限公司	
开　　本	890 mm×1240 mm　1/32	**版　次**　2024 年 4 月第 1 版
印　　张	6.25 插页 2	**印　次**　2024 年 4 月第 1 次印刷
字　　数	106 000	**定　价**　69.00 元